GOLDMANN

In der Reihe »Sternzeichen der Liebe« von Linda Goodman
sind folgende zwölf Einzelbände lieferbar:

Widder (11006)
Stier (11007)
Zwillinge (11008)
Krebs (11009)
Löwe (11010)
Jungfrau (11011)
Waage (11012)
Skorpion (11013)
Schütze (11014)
Steinbock (11015)
Wassermann (11016)
Fische (11017)

Linda Goodman

Sternzeichen der Liebe

Der Stier

Seine Liebe – Seine Partner

21. April – 20. Mai

GOLDMANN VERLAG

Originaltitel: Linda Goodman's Love Signs
Übertragen aus dem Amerikanischen vom Editorenteam
Burkhardt Kiegeland GmbH, München, und von Dr. Helga Zoglmann, Wien

Für die Grenzfälle, bei denen die angegebenen Daten
für ein Tierkreiszeichen von den gewohnten abweichen,
verweisen wir auf die Erläuterungen des Kapitels
»Ihr Sonnenzeichen«, Seite 34 ff.

Made in Germany · 12/87 · 1. Auflage

Die gebundene Ausgabe in zwölf Einzelbänden (deutschsprachig)
erschien im Scherz Verlag, Bern-München-Wien
Umschlaggestaltung: Design Team München
Umschlagillustration: Gertraud Funke
Druck: Elsnerdruck, Berlin
Verlagsnummer: 11007
JJ · Herstellung: Heidrun Nawrot
ISBN 3-442-11007-6

Inhalt

7 Vorwort
12 Die zwölf Grunderfahrungen in der Liebe
14 Die zwölf Geheimnisse der Liebe
15 Liebesgeheimnisse
15 Widder · 16 Stier · 17 Zwillinge
19 Krebs · 20 Löwe · 22 Jungfrau
23 Waage · 25 Skorpion · 27 Schütze
28 Steinbock · 30 Wassermann · 32 Fische
34 Ihr Sonnenzeichen
37 Sonnenzeichen-Geburtsperioden
37 Geburtsherrscher
39 Die Beziehung der Sternzeichen
39 Stier-Stier · 47 Stier-Zwillinge
55 Stier-Krebs · 67 Stier-Löwe
77 Stier-Jungfrau · 85 Stier-Waage
95 Stier-Skorpion · 103 Stier-Schütze
113 Stier-Steinbock · 124 Stier-Wassermann
135 Stier-Fische · 145 Stier-Widder
154 Die Persönlichkeitstypen
156 Die Verbindung der Elemente
160 Die Sonnenzeichen-Kombinationen
162 Das Schicksalsrad
164 Aspekte
165 Sonnenzeichen-Verträglichkeiten
174 Astrologische Fachausdrücke

Vorwort

Es gibt wohl kaum ein geselliges Beisammensein, bei dem nicht unweigerlich eine Frage wie diese auftaucht: »Wie vertragen sich Schütze und Fisch?« In Radio, Fernsehen und Zeitungsinterviews sind Astrologen immer wieder mit Fragen konfrontiert wie: »Mein Mann ist ein Löwe, und ich bin ein Wassermann. Ist dies der Grund, warum wir uns so oft streiten?« – oder »Welches Sternzeichen sollte ein Zwilling heiraten?«

Jedermann möchte die Grundregeln für das Harmonieren der Sonnenzeichen kennen, und es ist durchaus die Zeit und Mühe wert, zwei Horoskope auf ihre Verträglichkeit hin zu vergleichen. Entdeckt man eine im Trigon*, Sextil oder in Konjunktion stehende Beziehung zwischen den Sonnenzeichen eines Paares, eine im Trigon, Sextil oder in Konjunktion stehende Beziehung zwischen den Sonnen- und Mondzeichen (die Zeichen, durch die Sonne und Mond zur Zeit der Geburt zogen) der beiden, kommt dann noch eine positive Wechselwirkung der Aszendenten-Zeichen mit den Planeten hinzu, so gewinnt Liebe an Tiefe. Jede Liebe ist fähig, Wünsche in Realität zu verwandeln, aber die Liebe zwischen zwei Menschen, deren persönliche Auren so harmonisch verbunden sind, schafft jenen emotionalen Gleichklang, den die Dichter besingen.

Denkt man an die Millionen Paare auf der Welt, die versuchen, gemeinsam Erfüllung und Zufriedenheit zu finden (oder schon gefunden haben), an jene, die einander schwerste Prüfungen auferlegen, so verwundert es nicht, daß diese vollkommen

* Alle astrologischen Begriffe werden in einem alphabetischen Verzeichnis auf Seite 174 erläutert.

miteinander harmonierenden Menschen esoterisch als »Seelen-Partner« oder »Zwillingsseelen« bezeichnet werden.

Es geschieht oft, daß ein Mann und eine Frau schon beim ersten Zusammentreffen in den Augen des Gegenüber die andere Hälfte ihres Selbst erkennen. Die Augen werden zu Recht »die Fenster der Seele« genannt. Sogar die Stimme ist dem Ohr des anderen vertraut, wie der Klang einer unvergeßlichen Melodie. Beinahe im ersten Augenblick des Zusammentreffens, wenn sich beide das erste Mal ansehen, fliegen ihre Seelen in freudigem Erkennen aufeinander zu, – Konvention und Sitte, alle gesellschaftlichen Verhaltensregeln mißachtend, getrieben von einem höheren Wissen, das sich nicht unterdrücken läßt. Auf unerklärliche Weise, oft ohne auch nur ein Wort darüber zu verlieren, wissen sie, daß sie nur durch den anderen hoffen können, Ganzheit zu finden – nur wenn sie zusammen sind, können sie beide in jeder Hinsicht vollkommen werden.

Ein Mann und eine Frau, die Seelen-Partner sind, brauchen die Worte »Ich liebe Dich« nicht auszusprechen, da sie ganz sicher wissen, daß sie für alle Ewigkeit zueinander gehören. Die Worte der Hochzeitszeremonie: »Was Gott zusammengefügt hat, das soll der Mensch nicht scheiden«, beziehen sich darauf. Doch ist diese Warnung nicht nötig, sondern nur ein symbolisches Ritual, da kein Mensch die Zwillingsseelen trennen kann, nicht einmal die Betroffenen selbst. Noch kann es irgendeine Energie des Universums. Die Kraft, die sie aneinander bindet, ist allmächtig und unzerstörbar. Die Bindung kann vielleicht geschwächt, die endgültige Vereinigung aufgeschoben werden, aber eine Trennung für immer wird es nie geben.

Diese Art spontaner Zuneigung wird oft »Liebe auf den ersten Blick« genannt; sie ist keine Laune des Schicksals, sondern sehr real. Es ist mehr als nur ein seltsamer Zufall, daß Zwillingsseelen in dieser großen, weiten Welt irgendwann zusammenfinden. Daß sich ihre Wege kreuzen, wurde auf einer höheren Stufe des Bewußtseins vorausbestimmt. Es sind gewisse geistige Energien am Werk, die ihr Treffen herbeiführen, so sicher wie der Wandertrieb der Vögel und das Wiederkehren der Kometen von einem ähnlichen universalen Gesetz regiert werden. Ihre Begegnung wird durch das Karma bestimmt, das nichts anderes ist als die Gesamtsumme aller Ursachen, die in der Vergangenheit in Bewegung gesetzt wurden – und diese bestimmen die Gegenwart.

Die Frage, welche besonderen Planeten-Einflüsse in der Nativität (Horoskop und Geburtsgraphik) zweier Menschen dem Astrologen zeigen, daß es sich um Zwillingsseelen handelt, ist zu kompliziert, als daß sie in diesem Buch in allen Einzelheiten erklärt werden kann. Wenn wir annehmen, daß solche Planeten-Einflüsse in den jeweiligen Horoskopen von Liebenden gegenwärtig sind, werden uns die Horoskope enthüllen, daß die beiden unweigerlich zueinanderfinden werden.

Während der ermüdenden Suche nach der Zwillingsseele wird es viele Fehlschläge geben, viele Beziehungen, die zuerst echt scheinen, dann aber zu Desinteresse und Langeweile verblassen. Sogar dann, wenn der Seelen-Partner schließlich entdeckt ist, kann es noch zu Komplikationen und quälender Ungewißheit kommen, was wiederum zeitweise seelischen Schmerz verursacht. Nur in fortwährender und beständiger Ausübung von Toleranz und Vergebung kann dieser Schmerz gelindert werden. Wer Leid zufügt, um sich für erlittenes Leid zu rächen, wird in der Zukunft durch das Wirken des Karmas nur neues Leid erfahren.

Manchmal erscheinen die Probleme zweier Menschen, die einander lieben, riesengroß, erscheint die Wand, die sie voneinander trennt, unüberwindlich. Doch ihre Probleme können gelöst werden durch die Liebe, die geheimnisvolle Macht, die allen eigen ist, die lieben, ohne daß sie sich dessen bewußt werden. Mag das zugefügte Leid auch noch so groß gewesen sein, die Liebe wird alles auslöschen, als wäre nichts geschehen. Dies tritt jedoch nicht ohne den Wunsch und die Anstrengungen dessen ein, der den Schmerz verursacht hat – und nicht ohne das Vergeben von seiten desjenigen, der so tief verletzt wurde. Wunsch, Anstrengung und Vergeben – diese drei zusammen sind nötig, um Kraft und Macht der Liebe freizusetzen.

Diejenigen, die wirklich lieben und innig mit der anderen Hälfte ihres Selbst verbunden sind, haben nicht den Wunsch, Kriege zu beginnen oder andere zu beherrschen. Wie die alles überwindende Liebe von Romeo und Julia sogar noch im Tod die Macht hatte, die Feindschaft zu beenden und die miteinander im Streit liegenden Capulets und Montagues zu versöhnen, so soll auch die ekstatische Verbindung von allen liebenden Zwillingsseelen die gleiche Kraft haben, die Menschheit zu vereinen, allen Erdenbürgern dauerhaften Frieden und Wohlergehen zu bescheren.

Leider wird heutzutage Liebe viel zu oft mit ausschweifender Sexualität gleichgesetzt.

Sex ist keine »Sünde«, nur der Mißbrauch seiner Energien ist eine Versündigung gegen das eigene Selbst. Sexuelle Vereinigung ist die Ekstase der »Tiefe«, die von denen entdeckt wird, die lieben. Es ist einfach eine Frage der Prioritäten. Zuerst verliebt man sich mit den Augen, dann mit dem Verstand, danach mit dem Herzen (Emotionen). Und von da an teilt die Seele diese Erfahrung – ob man es merkt oder nicht, man hat sich geistig »verliebt« –, und es ist an der Zeit, daß man sich mit dem Körper verliebt.

Es wird nicht gutgehen, wenn es in umgekehrter Reihenfolge geschieht; denn nur die Augen wissen, wie sie einen zu dem Geist des anderen führen, auf den man blickt. Nur der Verstand weiß, in das Herz des anderen zu leiten, mit dem man eine geistige Verwandtschaft gefunden hat. Nur das Herz kann einen zur Einheit mit der Seele dessen bringen, den man liebt. Und nur die Seele kann in die Ekstase der sexuellen Vereinigung führen, um »ein Körper« zu werden.

Aber wenn Sie mit dem Körper beginnen . . . Der Körper weiß nicht, wohin er Sie führen kann, außer in noch größere fleischliche Lust, die in sich selbst nicht die Kraft hat, die Sehnsucht der Liebe zu erfüllen oder den tieferen Hunger der Liebe zu stillen – eine Lust, die, nach bestimmten physiologischen Gesetzen, schließlich nur dazu führt, daß man immun gegen Sinnesempfindungen wird, immer mehr Stimulierung braucht – bis am Ende, wie bei Drogen, sogar dafür die Toleranzgrenze erreicht wird und man zu gar keinen Gefühlen mehr fähig ist. Benutzt man den Körper nur als Instrument für Sex allein, ohne Liebe, ist es so, als höre man eine Sinfonie in Stereo, aber mit nur einem Lautsprecher.

Es gibt keinen Traum, der nicht Realität werden, kein Gesetz, das man nicht ändern, keine Situation, die man nicht auf den Kopf stellen könnte – wäre man nur imstande zu lieben. Genug lieben ist nicht einfach. Genug lieben heißt nicht, nur diejenigen lieben, die einen selbst lieben, die freundlich, rücksichtsvoll und großzügig sind. Genug lieben heißt auch diejenigen lieben, die einem Böses nachsagen, die einen hassen, und die diesen Haß auch deutlich ausdrücken, denen es offensichtlich an jeglichem Mitgefühl und jeglicher Empfindsamkeit mangelt. Jedermann kann Liebe denen geben, die ihn selbst lieben. Doch diese Art Liebe vermag keine Berge zu versetzen; auf sie sollte man nicht stolz sein. Wir sind auf Erden, um die tiefere und schwierigere Lektion der Liebe zu lernen, daß man die Ungeliebten lieben muß. In dieser Leistung liegt all die Kraft und Energie für wahre Leidenschaft.

In astrologischen Begriffen ausgedrückt, ist es für Löwen und Widder, für Stier und Steinbock keine große Mühe, sich zu lieben. Will ein Widder jedoch mit einem Krebs, ein Löwe mit einem Skorpion, ein Stier mit einem Wassermann Harmonie erreichen, so erfordert dies jene tiefere Liebe.

Dieses Buch unternimmt den Versuch, diejenigen zu leiten, die das Glück haben, mit Menschen aus verträglichen Sonnenzeichen vereint zu sein – aber auch jenen den Weg zu Toleranz und Harmonie zu zeigen, deren Schicksal es ist, mit Menschen entgegengesetzter Sonnenzeichen zusammenzuleben.

Sogar bei zwei Menschen, deren Sonnen- und Mondzeichen harmonisch stehen, gibt es immer wieder einige Planeten in den Geburtshoroskopen, die nicht harmonieren und dadurch Reibungen und Spannungen verursachen.

Wer von uns ist nicht bisweilen wenig liebenswürdig? Sind wir es nicht sogar meist dann, wenn wir uns im geheimen nach Liebe sehnen und der Liebe am meisten bedürfen? Wie schön ist es dann, wenn uns jemand Zuneigung schenkt, zu dem wir unfreundlich waren . . . Wenn wir uns entschuldigen wollen und darauf zu hören bekommen, man habe uns längst verziehen.

Harmonie ist so einfach zu erreichen – nämlich mit alles verzeihender Liebe!

Die zwölf Grunderfahrungen in der Liebe

Auf jeder der folgenden Erfahrungsstufen ist jeder Mensch in der Lage, anderen die erstgenannte Eigenschaft zu geben und zu *lehren*, während es ihn viel Mühe kostet, die an zweiter Stelle genannte Eigenschaft zu *lernen*. Die Seele muß diese ersten sechs Grunderfahrungen mehrmals durchlaufen:

Widder das Neugeborene	»ich bin«	*lehren*, daß Liebe Unschuld bedeutet, und *lernen*, daß Liebe Vertrauen ist
Stier das Baby	»ich habe«	*lehren*, daß Liebe Geduld bedeutet, und *lernen*, daß Liebe Vergeben ist
Zwillinge das Kind	»ich denke«	*lehren*, daß Liebe Bewußtsein bedeutet, und *lernen*, daß Liebe Gefühl ist
Krebs das Kind in der Pubertät	»ich fühle«	*lehren*, daß Liebe Verehrung bedeutet, und *lernen*, daß Liebe Freiheit ist
Löwe der Teenager	»ich will«	*lehren*, daß Liebe Ekstase bedeutet, und *lernen*, daß Liebe Bescheidenheit ist
Jungfrau der Erwachsene	»ich analysiere«	*lehren*, daß Liebe Reinheit bedeutet, und *lernen*, daß Liebe Erfüllung ist

Hat der Mensch beim Durchlaufen dieser ersten sechs Entwicklungsstufen emotionale Reife erlangt, muß er mehrmals die zweiten sechs Grunderfahrungen machen, um die tiefere geistige Bedeutung der Liebe zu erkennen:

Waage Ehe	»ich gleiche aus«	*lehren,* daß Liebe Schönheit ist, und *lernen,* daß Liebe Harmonie ist
Skorpion Sex	»ich verlange«	*lehren,* daß Liebe Leidenschaft ist, und *lernen,* daß Liebe Verzicht ist
Schütze Wissen	»ich sehe«	*lehren,* daß Liebe Ehrlichkeit ist, und *lernen,* daß Liebe Treue ist
Steinbock Erfahrung	»ich benütze«	*lehren,* daß Liebe Weisheit ist, und *lernen,* daß Liebe selbstlos ist
Wassermann Idealismus	»ich weiß«	*lehren,* daß Liebe Toleranz ist, und *lernen,* daß Liebe Einheit ist
Fische Unterwerfung	»ich glaube«	*lehren,* daß Liebe Mitgefühl ist, und *lernen,* daß Liebe alles ist

Um so schließlich zu verstehen: Liebe ist ewig.

Da der Mensch Eigenschaften von anderen Sonnenzeichen in seine eigene Persönlichkeit aufnimmt – einige lehrt, andere dafür lernt –, hat er die geistige Verpflichtung, die positive Integrität seines eigenen Sonnenzeichens zu bewahren und auch dieses Recht bei anderen zu respektieren. Der Löwe braucht seine Würde, der Krebs muß sich an Sicherheit klammern. Der Steinbock verehrt Tradition, und der Zwilling braucht seine Freiheit. Jeder muß das Motto des Wassermann-Zeitalters »leben und leben lassen« befolgen, jeder muß er selbst sein und erkennen, daß die anderen auch sie selbst sein müssen. Der erste Schritt zur Erkenntnis der elementarsten Bedeutung der Liebe ist zu lernen, die Sonnenzeichen-Eigenschaften, die sich von Ihren eigenen unterscheiden, zu tolerieren und nicht zu verurteilen.

Die zwölf Geheimnisse der Liebe

Liebe ist das tiefste Verlangen von Mann und Frau. Es ist nicht die Bedrohung durch Krankheit und Armut, die den menschlichen Geist zerstört, sondern die Angst, daß niemand da ist, der sich wirklich sorgt – niemand, der wirklich versteht. Wir suchen alle nach Liebe, wie gesund, wohlhabend oder weise wir auch sein mögen, da die Alternative dazu nur Einsamkeit ist. Warum ist andauernde, gemeinsame Liebe so schwer faßbar? Um eine vollkommene und ständige Vereinigung mit der anderen Hälfte (der Zwillingsseele) zu erreichen, müssen Mann und Frau die Lektionen der zwölf Sonnenzeichen lernen. Sie müssen die Weisheit der zwölf Geheimnisse der Liebe beherrschen, bevor sie eine vollkommene Harmonie erreichen. In unserer Sehnsucht nach Liebe liegt unsere verborgene metaphysische Weisheit, das Geheimnis des Lebens selbst.

Jedes Sonnenzeichen enthält eine Kraft, die sich in Schwäche kehren und eine Schwäche, die in Kraft umgewandelt werden kann, durch das Gesetz der positiv-negativen Polarität. Was ist die Sturheit des Stiers schon anderes als umgekehrte Geduld? Ist die Impulsivität des Widders nicht die negative Seite des positiven Mars-Muts des Widders? Wird der Löwe den großen Stolz und die Vornehmheit des Löwe-Sonnen-Geburtsrechts für den positiven Zweck nutzen, die Hilflosen zu beschützen, oder für den negativen Zweck, ein arroganter Tyrann über die Wehrlosen zu sein? Wird die vernünftige Krebs-Vorsicht in Ängste und Phobien ausarten? Werden das Mitgefühl und die Bescheidenheit des Fisches sich in die negativen Neptun-Aspekte, Enttäuschung, Introversion und Weltflucht verwandeln? Die Wahl unserer Sonnenzeichen-Polaritäten liegt nur an uns.

Das Liebesgeheimnis des Widders

Die Widder-Seele, symbolisch neugeboren, steht in Bezug zu Dämmerung, Sonnenaufgang, Frühling und Ostern – oder zur Wiederauferstehung vom »Tod« im vorhergehenden Zeichen Fische.

Wie ein menschlicher Säugling, der vollkommen in sich selbst vertieft ist, entdeckt die Widder-Seele mit größter Freude ihre eigenen Finger und Zehen – ihr eigenes physisches Wesen. Um alle Wünsche zufriedenzustellen, ist nur ein einzelner, lauter Schrei nötig, der von den Älteren umgehend gehört und beantwortet wird. Der Säugling bezweifelt oder fürchtet nichts und niemand, aus dem einfachen Grund, weil ihm noch nie etwas verweigert wurde. So besitzt auch die »Säuglings«-Seele des Widders ein natürliches Vertrauen und einen unerschütterlichen Glauben in die unsichtbaren Kräfte der Güte, die ihm auf geheimnisvolle Weise alle seine Wünsche erfüllen werden.

Auf der Erde ist diese wohltätige Macht durch die Eltern repräsentiert, die zärtlich auf ihren Säugling sehen und ihn vor seiner eigenen Naivität schützen, indem sie ihm weise einige seiner Wünsche verweigern, die er in dem erregten Bewußtsein äußert, daß er ist – daß er geboren wurde, daß er anwesend ist. Die Seele des Widders fühlt: »Ich bin« oder »Ich existiere«. Und wie der symbolische Säugling sind Widder-Mann und -Frau auch blind gegenüber möglichen Unfällen, Schmerzen und Grausamkeiten auf dem Lebenspfad. Er oder sie lernt diese Erfahrungen durch diejenigen kennen, die bereits weiter fortgeschritten sind im Entwicklungsprozeß und eine gewisse Härte, Argwohn und den Überlebensinstinkt erworben haben.

Der Widder-»Säugling« muß wie der wirkliche Säugling die schmerzliche Erfahrung enttäuschten Vertrauens machen. Mangelt es ihm, dem Neugeborenen, an freundlicher Zuwendung und Mitgefühl, fühlt es sich verlassen, ist es schockiert, verängstigt – und schreit dann um so mehr nach Zuwendung. Auf gleiche Art (und aus den gleichen Gründen) braucht und sucht die Seele der desillusionierten Widder-Männer und -Frauen Anerkennung, fordert dabei aber bisweilen Ablehnung heraus als heftige, gefühlsmäßige Reaktion auf Vernachlässigung.

Die positiven Eigenschaften des Widders sind herzbewegende Unschuld und Staunen, blindes Vertrauen und Mut. In negativer Form können sie zu selbstsüchtigem Egoismus, Gedankenlosigkeit, Aggressivität und impulsivem Handeln, ohne Rücksicht auf Konsequenzen, führen.

Für die Seele des Widders ist die Liebe eine Notwendigkeit des Lebens, die als selbstverständlich hingenommen wird. Daher wird Liebe instinktiv erwartet und freudig akzeptiert, doch mit wenig Verständnis dafür, wie man sie zurückgibt. Der Widder verlangt nach Liebe, da er, wie ein Kind, ohne Liebe sterben würde. Wenn emotionelle Verlassenheit (symbolisch) den Tod bedeuten kann, so kann beim Widder schon das leiseste Gefühl von Verlassenheit zu einer ungerechtfertigten Panikreaktion führen, die man nur durch wiederholte Beweise von Zuneigung abschwächen kann. Der Widder muß unaufhörlich daran erinnert werden, daß, »wenn der Winter kommt« ... der Zauber des Frühlings nicht weit sein kann.

Das Liebesgeheimnis des Stiers

Die Stier-Seele ist symbolisch ein gesundes, pausbäckiges Baby, das gelernt hat, zu gewohnten Stunden zu schlafen.

Es schreit jetzt nicht mehr ohne Grund aus Furcht oder Einsamkeit. Auch macht es sich nicht mehr so lautstark mit seinen Wünschen bemerkbar wie das Widder-»Neugeborene«. Es hat entdeckt, daß sein Verlangen von seinen Eltern gestillt wird. Wie das menschliche Baby ist die Seele im Stier-Stadium damit zufrieden, ruhig und geduldig in seinem Kinderstuhl zu sitzen und auf sein tägliches Brot mit stiller, vertrauender und sicherer Erwartung zu harren.

Auch hat der Stier gelernt, wie man durch gutes Benehmen mehr Vergnügen, mehr Gefälligkeiten von den »Eltern« oder anderen Erwachsenen erschmeichelt. Lächeln und Gehorsam werden belohnt, und der Stier vergißt nicht, was er einmal gelernt hat, wie schmerzhaft und langwierig es auch war. Da er im wesentlichen noch nichts von alledem, was außerhalb seiner unmittelbaren Umgebung geschieht, aufnehmen kann, findet der Stier-Mann oder die Stier-Frau (ebenso wie das symbolische Baby) das Glück eher im Familienkreis und im Greifbaren – in dem, was vertraut ist – als in der seltsamen und lärmenden Welt da draußen.

Das Stier-»Baby« entdeckt die Freude, die Sinne des Geschmacks, des Sehens, Hörens, Riechens und Berührung zu benutzen.

Weil Besitz Glück bringt, ergreift ihn der Stier, liebkost ihn, findet daran Gefallen, ihn sein eigen zu nennen. Der Stier sagt: »Ich habe«. Der Stier ist stark vom körperlichen Kontakt mit geliebten Personen abhängig. Der von Venus beherrschte Stier versteht Zuneigung nur, wenn er fühlen kann, daß sie existiert. Das Baby ergreift Besitz von seinen Spielsachen und von der Aufmerksamkeit der Eltern, grämt sich über jeden materiellen und ideellen Verlust, weigert sich stur, etwas von seinem Besitz an andere abzugeben. Genauso verhält sich der männliche oder weibliche Stier auch hinsichtlich des Bankkontos und Lebenspartners.

Die positiven Eigenschaften des Stiers sind Willensstärke, Geduld, Standhaftigkeit und Überzeugung. In negativer Form drückt sich dies in Eigensinn, blinder Voreingenommenheit und Unvernunft aus.

Dem fröhlichen Baby, symbolisch für die Stier-Seele, bedeutet Liebe physische Zuneigung. Da das Baby Liebe mit Vergnügen und Glück assoziiert, sonnt auch der Stier sich in ihr mit unkomplizierter Wertschätzung. Aus diesem Grund akzeptiert und gibt der Stier die Liebe mit den Sinnen –, aber er muß erst lernen, ihren wahren Wert und ihre wahre Bedeutung zu verstehen.

Das Liebesgeheimnis der Zwillinge

Der Zwilling befindet sich symbolisch in der Welt des Kleinkinds. Wie dieses wird er sich seiner eigenen Mentalität bewußt, wird sich darüber klar, daß er nicht allein im Universum ist. Die Kinder-Seele des Zwillings lernt sich mitzuteilen, indem sie spricht, Worte formt und sie aneinanderreiht, während Eltern und andere aufmerksam zuhören und sich an jedem neuen Laut erfreuen. Sprechen macht Spaß, da man dadurch alle Aufmerksamkeit auf sich zieht. Auch kann er zur Plätzchen-Dose kriechen, krabbeln oder gehen und sich selbst bedienen, ohne daß er wie der Widder schreien oder wie der Stier warten muß, und diese Erfahrung ist berauschend. Der Zwilling ist erregt von dem Wissen, daß er zupacken kann – »Ich denke« ruft er der Welt in großer Erregung zu.

Das symbolische Kind-Stadium des Bewußtseins lehrt die Zwillings-Seele, daß es zwei Seiten des Charakters gibt – eine Zweiheit oder Polarität, die in Einklang gebracht werden muß, bevor man erfolgreich mit anderen umgehen kann. Da der Zwilling sich plötzlich nach Vergnügungen außerhalb des Hauses und der Familie sehnt, lädt die Welt die Zwillings-Männer und -Frauen ein, sie zu erforschen. Mit der geistigen Fähigkeit, zu urteilen und zu folgern – Bezüge herzustellen –, beginnt der Zwilling, sich nach Dingen jenseits dessen, was er bis jetzt gesehen hat, zu sehnen und davon zu träumen.

Zur Hälfte ist die Zwillings-Seele noch ein unsicheres Baby, das das Vertraute braucht. Zur Hälfte ist sie das sehnsuchtsvolle Kind, neugierig auf die vielen unentdeckten Wunder, gerade außerhalb der unmittelbaren Reichweite. Und so experimentiert diese Doppel-Persönlichkeit mit hellen Augen und hoffnungsvollem Herzen. Jeder neue Tag bringt dem Geist des Zwillings faszinierende Erkenntnisse, vergessen sind die Spielsachen und die beschützende elterliche Zuneigung.

Die positiven Eigenschaften des Zwillings sind Vielseitigkeit, geistige Wachsamkeit, schnelles Wahrnehmungsvermögen, geschicktes Urteilen und Beweglichkeit. In der negativen Form kommt dies zum Ausdruck durch Ruhelosigkeit, Geschwätzigkeit, Oberflächlichkeit, Doppelzüngigkeit, Unzuverlässigkeit und Selbsttäuschung.

Für das Zwillings-»Kind« hat die Liebe etwas von ihrem Zauber verloren. Es braucht sie mehr, als es glaubt, doch gibt es etwas Aufregenderes zu suchen als die Liebe. Es ist die Liebe, die einen hindert wegzulaufen. Liebe ist angenehm, aber sie schränkt auch ein. Zwillings-Männer und -Frauen haben nie aufgehört, sie zu brauchen oder nach ihr zu verlangen, doch wenn sie zu einem Hindernis für die Freiheit wird, werfen sie sie hastig über Bord, vergessen sie die Wärme und Sicherheit, die sie spendet – und machen sich keine Gedanken darüber, daß sie möglicherweise Schiffbruch erleiden und dann den Weg zurück nach Hause nicht mehr finden können.

Das Liebesgeheimnis des Krebses

Die Krebs-Seele ist dem Kind in der Pubertät zu vergleichen, das zwischen Kindheit und Reife schwankt, sich danach sehnt, erwachsen zu werden und doch noch zögert, zur anderen Seite überzuwechseln. Die launische, sensible Seele des pubertären Kindes pendelt zwischen kindlicher Abhängigkeit und der verlockenden Welt des Erwachsenseins hin und her. (Wie ist es wohl, Mann oder Frau zu sein?) In der symbolischen Pubertätsphase beobachtet die Krebsseele die Erwachsenen (Menschen) in der Umgebung, ist ungeheuer aufnahmefähig für alles Gesehene und Gehörte. Doch diese erwachsene, materielle Welt, die sie so intensiv beobachtet, deutet auch auf häufige Desillusionen hin.

Und so sind die Träume des Krebses gestört und lassen ihn in der Nacht weinen; er holt seinen alten Teddybären aus dem Schrank und umarmt ihn, wenn niemand zusieht. Den Krebs verwirren seine wechselhaften Launen selbst ebenso wie seine Familie. Aber seine Ängste sind sehr wirklich für ihn. Er befürchtet, daß Reife für ihn den Verlust an Sicherheit, die er von seiner Familie, besonders aber von seiner Mutter, kennt, bedeutet. Werden Fremde jemals soviel Aufhebens um ihn machen oder ihn so bedingungslos lieben wie seine Mutter? Er beginnt zu argwöhnen, daß sie es nicht tun werden.

Unfähig, diese Befürchtungen zu erklären, wird der Krebs verschwiegen und träumt allein – oder er versteckt sich und schmollt und bildet sich ein, daß niemand ihn versteht. Der Krebs hat schon gelernt, was Verlust bedeutet. Vielleicht sind Freunde aus seinen Kindheitstagen umgezogen, hat die Familie die Wohnung gewechselt, ist die altvertraute Nachbarschaft verlorengegangen. Das Leben ist nicht mehr so aufregend, wenn der Krebs die verborgenen Fallen spürt. Der »pubertäre« Krebs-Mensch weiß, das Erwachsenwerden auch unerwarteten Schmerz bringen wird, also klammert er sich an das, von dem er glaubt, er könne darauf vertrauen – das Gestern.

Da die neuen Wahrnehmungen so deutlich sind, sieht der Krebs im Leben eine Kombination von Tragödie und Komödie. Trotz ihrer angeborenen Schüchternheit wird sich die Krebs-Seele nicht in den Hintergrund drängen lassen, denn unerklärliche Furcht kann in vernünftige Vorsicht umgewandelt werden. Gefühle rühren die Seele des Krebses zu Tränen. Angetrieben von dem Verlangen, wahre Gefühle zu verbergen, sagt er: »Ich fühle« – dann, damit niemand auch nur annimmt, daß er so tiefe Gefühle hat, wird er Witze machen und dabei glauben, die Leute täuschen zu können. Wenn er nicht zärtlich behandelt wird, kann der Krebs-Mann oder die Krebs-Frau eine harte und schützende Schale gegen die grausame Welt entwickeln.

Die positiven Eigenschaften des Krebses sind Phantasie, Zähigkeit, Zärtlichkeit, Sensibilität, Fürsorge und Vorsicht. In der negativen Form kommen sie zum Ausdruck in Geiz, Reizbarkeit, Melancholie, übertriebener Anhänglichkeit und Feigheit, Besitzgier und Launenhaftigkeit.

Für den Krebs, wie auch für das unsichere und sentimentale Kind in der Pubertät ist die Liebe wichtig; er stellt sie über alles. Sie ist gleichbedeutend mit dem Heim, das emotionelle Sicherheit darstellt, und das Verlangen nach Liebe ist so groß, daß er glaubt, es vor anderen verbergen zu müssen.

Das Liebesgeheimnis des Löwen

Die zwischen Kindheit und Erwachsensein schwankende Seele des Krebses, des Kindes in der Pubertät, wird unter dem Einfluß des Löwen plötzlich zum Teenager, der sich seines Selbst bewußt geworden und stolz auf seine Persönlichkeit ist. Der Löwe weiß (oder glaubt zu wissen), wer er ist. Die Welt gehört dem Löwen – oder der Löwin – und so blickt der Löwe »Teenager«

auf sein Bild im Spiegel, bewundert, was er sieht, und macht das feierliche Versprechen: »Ich will.«

Der Idealismus der Jugend bewegt das Herz des Löwen, die erwachende Sexualität versetzt sein Blut in Wallung. Beides sind starke Triebe, die Zweifel an der eigenen Persönlichkeit mit sich bringen, die er aber unter der nach außen zur Schau getragenen Selbstsicherheit verbirgt. Der Löwe weiß sein Selbstvertrauen richtig einzusetzen, gebraucht es, um andere zu belehren, übernimmt die Verantwortung für sein eigenes Leben und herrscht über die, welche den Schutz des Löwen brauchen. Doch sucht der Löwe genau wie der wirkliche Teenager, immer noch Bestätigung in Form von Schmeichelei, kuscht im geheimen, wenn er lächerlich gemacht wird, weil er noch nicht ganz erwachsen ist – trotz aller Selbstsicherheit.

Der Löwe bringt denen mitfühlende Rücksichtnahme entgegen, die verletzbarer sind als er. Obwohl er gelernt hat, seine Feinde zu tolerieren und ihnen zu vergeben, hat er noch nicht gelernt, die Weisheit der Älteren zu respektieren. Wie der wirkliche Teenager glaubt der Löwe, alle Antworten zu kennen, und reagiert ungehalten auf die, die seine neuen, weltlichen Erkenntnisse in Frage stellen. Die Löwen-Seele verehrt die Sonne, da die Sonne ihr Geburtsherrscher ist, die Quelle allen Lebens – und ihrer eigenen Kraft. Der Löwe bewundert und wird bewundert, er liebt und wird geliebt. Wenn das gesellschaftliche Leben beginnt, beginnen auch die Freuden der romantischen Liebe zu keimen . . . und schließlich zu blühen. Die Liebe der Jugendzeit bringt dem Löwen-»Teenager« Begeisterung wie Enttäuschung. Die Macht seiner Männlichkeit (oder Weiblichkeit) gibt dem Löwen das Gefühl von Würde und Wichtigkeit – durch das andere Geschlecht. Die Verantwortung der Reife wird gespürt, aber noch nicht als Last empfunden. Leben ist nur eitel Sonnenschein, die düstere Vergangenheit liegt zurück, das Wunder der Zukunft liegt vor ihm – und die Gegenwart ist eine Zeit für Vergnügen und Entspannung. Der Löwe glaubt, daß die Welt seine neugefundene Weisheit braucht, und er gibt sie mehr als gern.

Die positiven Eigenschaften des Löwen sind Herzenswärme, Großzügigkeit, Edelmut, Treue, Führungskraft und eine besänftigende, liebevolle Zärtlichkeit – das beschützende Charisma des älteren Bruders oder der Schwester, des Stärkeren für den Schwächeren. In der negativen Form drücken sie sich aus in Arroganz, falschem Stolz, Eitelkeit, Tyrannei, Hochmut.

Für den Löwen als symbolischem Teenager bedeutet Liebe romantisches Verliebtsein, das Hohelied der Minne, die Erfüllung aller Ideale und Schönheit. Der Löwe ist »in die Liebe verliebt« und in sich selbst. Der Löwe schenkt großzügig Zuneigung, weil dies ihm die Genugtuung gibt, so königlich großmütig zu sein, und ihm den Dank und Respekt des so Beschenkten einbringt. Er ist entrüstet, wenn die Liebe es verlangt, daß er sich demütigen läßt – da er deren tieferen Sinn und die von ihr geforderte Aufgabe des »Selbst« noch nicht verstehen kann.

Das Liebesgeheimnis der Jungfrau

Die Jungfrau (deren tieferes Selbst von flüchtigen Romanzen der Jugendzeit unberührt geblieben ist) wird daran erinnert, daß Reife auch ernste Pflichten und Verantwortung mit sich bringt. »Ich analysiere« sagt die Jungfrau abwehrend und bemüht sich um Vollkommenheit.

Die Jungfrau-Seele ist wie ein Erwachsener, der von dem Zwang, sich den gesellschaftlichen Regeln und Beschränkungen anpassen zu müssen, frustriert ist, sich ihnen jedoch mit angeborener Höflichkeit unterwirft. Diese Männer und Frauen haben entdeckt, daß sie auch anderen irgendwie dienen müssen, wenn sie ihre eigenen Bedürfnisse befriedigen wollen. Der Einfluß der Jungfrau lehrt sie, daß man arbeiten und Geld verdienen muß – daß man anderen nützlich sein muß –, um Freiheit für das Vergnügen zu bekommen. Uhren und Zeitpläne spielen eine wichtige Rolle. Die erste Arbeit ist enttäuschend. Ideen und Ideale müssen den Anforderungen der Arbeit oder Schule unterworfen werden. Jetzt ist zum Träumen keine Zeit mehr. Die Aufmerksamkeit der Jungfrau konzentriert sich auf schulische Leistungen und versucht, mit dem heftigen Konkurrenzkampf des Geschäftslebens Schritt zu halten. Lernen und Wettbewerb werden lebenswichtig.

Wie auch der tatsächliche junge Erwachsene sieht die Jungfrau-Seele viel, was zu Kritik Anlaß gibt und bedauert den Verlust der kindlichen Unschuld, da sie keine bestimmten Vorstellungen von der Zukunft hat. Ist dort nur noch mehr Arbeit, mehr Studium, mehr Verantwortung? Wenn es so ist, ist das Leben wirklich ernst und muß mit realistischen Augen betrachtet werden, sobald wie möglich. Die Zeit vergeht. Menschliche Fehler und Unzulänglichkeiten nehmen für die Jungfrau übertriebene Wichtigkeit an. Das Herz ist immer noch rein und erfüllt von stiller Hoffnung, doch der Verstand ist unter Kontrolle.

Von der Furcht vor Abhängigkeit wird die Jungfrau in eine wilde Entschlossenheit getrieben, keine Zeit zu verlieren und keiner Pflicht auszuweichen. Das Bewußtsein ist immer wachsam, aufmerksam und sehnt sich danach, besser zu werden. Obwohl ebenfalls von Merkur beherrscht, hat die Jungfrau-Seele gelernt, ihre Lebenskräfte nicht so zu vergeuden wie der Zwilling.

Die positiven Eigenschaften der Jungfrau sind Klarheit der Gedanken, Urteilsvermögen, Höflichkeit, Hilfsbereitschaft, Ehrlichkeit gegen sich selbst und ein Sinn fürs Praktische. In der negativen Form kommen sie zum Ausdruck in Krittelei, Voreingenommenheit, Schüchternheit, Pessimismus, Unterlegenheit und Haarspalterei.

Für die Jungfrau bedeutet Liebe Selbstaufgabe, ein Geheimnis, das sie lieber nicht lösen möchte. Also steckt sie all ihre Energie in die Arbeit . . ., und obwohl diese Menschen zärtliche Verehrung anbieten, schlummert die wahre Bedeutung der Liebe immer noch im Herzen der Jungfrau.

Das Liebesgeheimnis der Waage

Die Waage-Seele ist sich der Licht- und Schattenseiten des Lebens bewußt. Während des Reifeprozesses hat sie erfahren, daß es in der Welt (und in den Menschen) Gut und Böse gibt. Darüber hinaus wird die Waage von der fesselnden Polarität zwischen Mann und Frau verzehrt.

Die Erfahrung hat den Waage-Menschen gelehrt, die Mitmenschen richtig zu beurteilen. Er sieht die Notwendigkeit, mit anderen Menschen in Verbindung treten zu müssen, und ist fähig, mit Logik und Kraft zu führen. Die Waage handelt mit einer gewissen Weisheit. »Ich gleiche alles aus«, sagt die Waage, indem sie sich selbst brüstet, beide Seiten zu sehen. Da es das Bewußtsein der Waage erschüttern würde, unfair zu sein, sind Entscheidungen schwierig und schmerzhaft. Ein Sinn für soziale Gerechtigkeit kommt zum Vorschein, und angesichts von Vorurteilen und Ungerechtigkeit verliert sich die Waage oft in endlosen Diskussionen, indem sie ihre geschärfte Logik anwendet. Jedoch wird diese Einstellung durch ein neues Mittel der Überredungskunst gemäßigt. Die Waage hat die Eigenschaft des Charmes gewonnen und sieht diesen als einen sicheren Weg zum Sieg an, also benützt sie eine sanfte Stimme und ein strahlendes Lächeln, um kunstvoll zu schmeicheln und um ihren Kopf durchzusetzen.

Die Waage fühlt ein wachsendes Bewußtsein für Schönheit und Harmonie – in Musik, Kunst und in der Liebe. Sie spürt ein tiefes und drängendes Verlangen, einen Partner zu finden. Voller Gefühle, jedoch mit Sinn für die Realität, verspürt die Waage-Seele den Wunsch, jemanden an ihrer Seite zu haben – in Liebe und Geschäft –, um ein Gleichgewicht im Leben zu finden und den Wunsch nach Harmonie – beeinflußt von der die Waage beherrschenden Venus – zu befriedigen. Im Luftelement der Waage ist es jedoch nicht leicht, einen Liebespartner zu finden. Während sie die Laster und Tugenden eines möglichen Partners abwägen, sind Waage-Menschen oft von einer schmerzvollen emotionalen Unentschlossenheit. Doch trotz allem setzen dieser Mann oder diese Frau ihre unnachgiebige Suche nach jemandem, mit dem sie Freuden und Leiden des Lebens teilen können, fort. Die so geliebte Herbstzeit wird eines Tages verblassen, der Frühling, an den sich die Waage so gern erinnert, ist längst vergangen, und nur eines weiß sie genau: er – oder sie – darf nicht allein sein, wenn der Winter kommt.

Die positiven Eigenschaften der Waage sind Gerechtigkeit, Intelligenz, Charme, Freundlichkeit und emotionale Ausgeglichenheit. In der negativen Form kommen sie zum Ausdruck in

Trägheit, Zaudern, Unentschlossenheit, Streitlust, Vergnügungssucht und Reizbarkeit.

Für die Waage bedeutet Liebe eine Verbindung von Verstand und Herz – nicht zu leidenschaftlich, nicht zu distanziert – ein goldener Mittelweg, ein ausgewogenes Teilen. Aber diese Seelen sind von der oberflächlichen Schönheit der Liebe zu sehr geblendet, um vollkommen in den tieferen Sinn der Liebe einzudringen. Sie erkennen nur, daß sie lieben. Doch sind sie noch nicht auf die Idee gekommen, sich zu fragen, warum.

Das Liebesgeheimnis des Skorpions

In der Öffentlichkeit ist der Skorpion unerhört fähig, die ihm anvertrauten Pflichten eines Organisators auszuführen. Auf persönlicher Ebene bereitet ihm die Entdeckung Sorge, vor dem tiefen Geheimnis seiner eigenen Existenz zu stehen. Woher kam er? – Wohin geht er? – Warum ist er hier? Der Skorpion muß den Schleier des Lebens lüften, ohne Rücksicht auf den möglicherweise zu zahlenden Preis, um seinen ruhelosen Geist zu besänftigen, der sich von der alleinigen Beschäftigung mit irdischen Dingen gelöst hat. Und so ruft er aus: »Ich verlange!«

Es gibt viel, was die Skorpion-Seele weiß, aber doch mehr, was sie fühlt und was noch nicht bestimmt werden kann. Der Einfluß des Skorpions bringt ein brennendes Verlangen mit sich, in das Unbekannte einzudringen; dieses Verlangen ist so brennend, daß es Verstand und Seele zerstören würde, bekäme er es nicht mit kühler Vernunft in den Griff. Erfahrungen haben den Skorpion vorsichtig gemacht, denen gegenüber seine Meinung kundzutun, die sie auf keinen Fall teilen werden. Jede erlittene Niederlage stärkt im Skorpion die innere Überzeugung, daß die erste Loyalität nur seiner eigenen persönlichen Integrität gelten darf. Der Skorpion spürt, wenn sein Selbst verloren ist, ist alles verloren.

Sex ist etwas, das vom Skorpion erforscht werden muß, mit einer Intensität, die den anderen Sonnenzeichen unbekannt ist. Obwohl der Skorpion der Liebe nur traut, nachdem sie bewiesen hat, daß sie dieses Vertrauen auch wert ist, ist seine Treue, wenn er sich einmal jemandem verschrieben hat, standhaft und ewig. Da er den heftigen Wunsch hat, sich selbst und die, die er liebt, vor Schmerzen zu schützen, sieht er sich gezwungen, die Forderung »Auge um Auge, Zahn um Zahn« zu stellen als Versicherung, daß Verletzungen nicht mehr vorkommen werden. Durch den sanften Einfluß des beherrschenden Planeten Pluto macht die Skorpion-Seele die Erfahrung des Todes, da Freunde und Verwandte sterben, und diese erhöht in ihm nur noch das Verlangen, noch tiefer in das Wissen einzudringen, das im stillen Unterbewußtsein begraben liegt. Während der Geist des Skorpions sich trotz der Schwerkraft wie ein Adler aufwärts schwingt, verstärken sich die weltlichen Verlangen und Leidenschaften und treiben ihn dazu, seinen Wert in Frage zu stellen. Überempfindlich, doch fähig, diese Sensibilität zu kaschieren, lernt der Skorpion die erstaunliche Macht seines eigenen Verstandes kennen und gebraucht ihn im geheimen, aus Furcht, die anderen würden lernen, die gleiche Art der Macht über ihn auszuüben.

Die positiven Eigenschaften des Skorpions sind Treue, Willenskraft, Anziehungskraft, Freundlichkeit, Scharfblick und eine überraschende Selbstkontrolle. In der negativen Form kommen sie zum Ausdruck durch Unbarmherzigkeit, Fanatismus, Rachgier, Sadismus, Argwohn und Selbsthaß.

Für den Skorpion-Menschen bedeutet Liebe eine verzehrende Flamme, die jedes Opfer wert ist – und er muß deren Herausforderung überwinden. Sexuell ungehemmt, doch emotionell furchtsam und vom Verstand her argwöhnisch, strebt er verzweifelt danach, die physischen und geistigen Schwingungen der Liebe zu vereinen in einer eigenartigen Mischung von Erotik und Reinheit. Doch die Befriedigung des Verlangens hinterläßt in der Skorpion-Seele das Sehnen nach etwas, das jenseits liegt.

Das Liebesgeheimnis des Schützen

Im Schützen wird aus Mann und Frau ein skeptischer Philosoph, ein widerwilliger Prophet, der sich über die endgültigen Antworten des Lebensrätsels unschlüssig ist. Also versucht es der Schütze mit eindringlicher Logik und verwirrender Aufrichtigkeit, um seinem Anspruch »Ich sehe« Glaubwürdigkeit zu geben.

Der Schütze spürt den verzehrenden Drang, seinen eigenen Verstand zu erforschen, und versucht, die Geheimnisse des menschlichen Verhaltens in der philosophischen Phase des höheren Lernens zu entwirren. Aber ein Teil seiner Seele ist verärgert über die harten Anforderungen der immer schwierigeren Erziehung und sehnt sich danach, die ihn stark beanspruchende Schule des Lebens zu schwänzen. Er taucht von den Höhen überlegenen Optimismus und blinden Vertrauens in die Tiefe sarkastischen Zynismus. Zuerst leichten Sinns und lustig, dann ernsthaft, ist der Schütze der Zentaur – halb Mensch, halb Pferd – und zielt scharfe Pfeile der Neugier direkt in das Schwarze des gesuchten Wissens. Die Suche des Schützen nach der Wahrheit führt seine Seele durch den Irrgarten der Religionen; er schwankt zwischen überzeugtem Atheismus und religiösem Fanatismus, bis ihm die kirchlichen Dogmen klar werden – und er sie entweder annimmt oder ablehnt, zum Teil oder im Ganzen.

Oft ist der Schütze ausgelassen wie ein Clown, vernachlässigt dabei den Gedanken an die Zukunft sträflich. Zu anderen Zeiten wiederum denkt er auf einem solch hohen geistigen Niveau, daß seine Mitmenschen ihm nicht folgen können.

Die Schütze-Seele hat das symbolische Stadium des Ruhestands erreicht. Von dem beherrschenden Planeten Jupiter getrieben, sehnt sich der Schütze danach zu reisen, sich unter fremden Sonnen zu wärmen, andere Länder, Menschen und Ideen zu sehen und kennenzulernen. Obwohl er sich widerwillig der Notwendigkeit der Arbeit unterwirft, der Pflicht und der Verantwortung, ist er äußerst ungeduldig mit diesen unwillkommenen Einschränkungen der Realisierung seiner Träume.

Um die ständige Ruhelosigkeit seines Geistes zu verbergen, nimmt der Schütze die Pose eines Schauspielers an, die ihm ermöglicht, andere mit einer Mischung von lustigen oder tragischen Späßen zu unterhalten, während es ihm unter seiner Maske möglich ist, die Tiefe seiner Seele auszuloten. In dieser Phase hat der Schütze wenig Zeit für taktvolles Verhalten, da er eilig vorangeht, um die Antworten zu finden, bevor das »Leben« vorbei ist. Der Herbst geht seinem Ende zu, die ersten Windstürme blasen – und das lebhafte Wettergeschehen fordert den Schützen heraus, das Schicksal zu versuchen, um zu beweisen, daß der Mensch stärker als die Natur ist.

Die positiven Eigenschaften des Schützen sind Optimismus, Offenheit, Fröhlichkeit, Logik, Ehrlichkeit, Kühnheit und Enthusiasmus. In negativer Form kommen sie zum Ausdruck durch Rücksichtslosigkeit, emotionelle Verwirrung, Sorglosigkeit, Taktlosigkeit, Heftigkeit und Unbeständigkeit.

Für den Schützen, der symbolisch das Mittelalter der Seele erreicht hat, muß die wahre Liebe jetzt entdeckt werden – oder sie ist für immer verloren. Da der Schütze einen Partner für alle Jahreszeiten sucht, ist er geblendet vom Idealismus und der Herausforderung der Liebe und daher durch ihre Realität schockiert. Seine ängstliche Suche hat ihn noch nicht dorthin geführt, wo sie sich wirklich verbirgt – in seinem eigenen Herzen.

Das Liebesgeheimnis des Steinbocks

Die Steinbock-Seele, die sich ihrer Fähigkeit und ihres Rechts, die Führung zu übernehmen, sicher ist, fühlt nicht das Verlangen, ihre Macht herauszustellen und damit zu protzen – entweder um in der Öffentlichkeit Anerkennung zu erheischen oder an innerer Sicherheit zu gewinnen. Sie hat gelernt, daß der wahre Frieden von innen kommt. Zum Führer bestimmt zu sein, das bedeutet Verantwortung, die so vorsichtig wie möglich zu handhaben ist, und keine besondere Anerkennung für Handlungen, die offensichtlich zur Pflicht eines Führers gehören. Die Verwandten (besonders die Eltern) des Steinbocks erhalten größere Aufmerksamkeit im Guten oder im Bösen, weil das symbolische »Alter« der Seele erreicht ist – und damit auch ein Sinn für die Prioritäten des Lebens; die wichtigste davon ist die Sicherheit zu wissen, wohin man gehört. Die erregenden Liebschaften und die Freiheit der Jugendzeit sind bei weitem nicht so reizvoll für den Steinbock wie die Behaglichkeit und Zufriedenheit mit denen, die sich um ihn sorgen. Der Steinbock ist darauf vorbereitet und auch willens, die unter Schwierigkeiten erworbene Weisheit des Saturn anderen zu vermitteln, jedoch nur, wenn er dazu aufgefordert wird. Da der Steinbock weiß, daß es unvernünftig ist, Menschen zu früh zu reifem Verhalten zu zwingen, lächelt er mit der wohlwollenden Nachsicht eines Großvaters (sein tatsächliches Alter spielt hier keine Rolle) über die Possen der im Herzen Junggebliebenen. Im geheimen sehnt sich der Steinbock danach, seine Pflichten abzuschütteln, doch hat er das Wissen erlangt, daß reiner Idealismus unausführbar ist – und spontaner Enthusiasmus niemals die Erfahrungen ersetzen kann. Sich der Gefahren impulsiven Handelns äußerst bewußt, wurde die Seele konservativer – und die Weigerung des Steinbocks, seine Energie zu verschwenden und sich in Sentimentalität zu verlieren, führt dazu, daß diejenigen, die im Feuer- oder Luftelement geboren sind, ihn der Gefühlskälte beschuldigen. Steinböcke respektieren Autorität, weil sie das Gesetz als eine Notwendigkeit für den Schutz der Menschenrechte und der Sicherheit ansehen. Voller Ehrfucht verehren sie die Berühmten und Erfolgreichen, da sie ihr Geburtsherrscher Saturn gelehrt hat, große Leistungen gebührend zu würdigen und sie den Preis dafür genau kennen.

Trotz der, für leichtlebigere Zeitgenossen zu ernsten und unbeugsamen, äußerlichen Erscheinung des Steinbocks, hat das Leben ihn auch die humoristische Seite gelehrt, und seine feinsinnigen Witze sind begleitet von der Ironie des Daseins. Da die Saturn-Pflicht, der Anwalt der Törichten zu sein, schwer auf den Schultern der Steinböcke lastet, versuchen sie manchmal, das volle Maß der seltenen Vergnügen des Lebens auszuschöpfen, und akzeptieren sie ruhig und ohne falsche Bescheidenheit oder unangemessene Hemmung. Nur später, wenn der ernüchternde Einfluß der Reife wiederkehrt, fühlt der Steinbock ein wenig Reue und Melancholie, da er der Versuchung verbotener

Leidenschaften nachgegeben hat. In dieser seelischen Verfassung ergibt sich für den Steinbock beinahe zwangsläufig, die Notwendigkeit pragmatischen Handelns anzuerkennen, wie er es auch selbst zugibt: »Ich benütze«. Doch die Sanftheit des Geistes schwächt die Strenge der äußeren Härte des befehlenden Saturns, da das Bewußtsein des Steinbocks ein Mitgefühl für menschliche Fehler mit sich bringt.

Die positiven Eigenschaften des Steinbocks sind Entschlossenheit, Beständigkeit, Weisheit, Zuverlässigkeit, Sicherheit und Ruhe. In der negativen Form kommen sie zum Ausdruck in Selbstsucht, Engstirnigkeit, Unbarmherzigkeit, Strenge, Snobismus, Depressionen und Einsamkeit.

Für den Steinbock bedeutet Liebe einen stillen und zwanglosen Austausch persönlicher Befriedigung. Der Steinbock hat die wertvolle Lektion gelernt, daß Liebe nicht nach übertriebenen Emotionen gemessen werden kann. Aber da er die Liebe mit gemeinsamen Wünschen und Bedürfnissen gleichstellt, hat er noch nicht die Erlösung von seinen inneren Sehnsüchten erfahren.

Das Liebesgeheimnis des Wassermanns

Der Wassermann schüttet sein Wissen aus, entschlossen und besorgt, es zu teilen, bevor er diesen Planeten verläßt.

Ein Rätsel für Freunde und Familie, tollt der Wassermann mit den im Herzen Junggebliebenen umher – was verwundert, da seine Weisheit und Erfahrung im direkten Kontrast zu diesem ungezwungenen, exzentrischen Verhalten stehen. So viele Geheimnisse wurden in der Vergangenheit übersehen, weil es keine Zeit gab, sie zu untersuchen. Nun muß der Wassermann sie alle kennenlernen – muß alle Nuancen des Auf und Ab, des Rechts und Links, des Wollens und Nichtwollens erforschen. Er erfreut sich daran, andere zu schockieren, da er sich einer Fähigkeit bewußt ist, die ihm auf unerklärliche Art erlaubt, einen Blick in die Zukunft zu werfen. Überraschend intuitiv und strotzend von unerwarteten Blitzen telepathischer Bilder, prüft die Wassermann-Seele Menschen und Ideen ohne Gefühlsregung und entdeckt die Wahrheit ohne erkennbare Logik oder spürbare Mühe.

Die Wassermann-Seele neigt dazu, Gesetz und Autorität an den Pranger zu stellen, da er im Geiste schon in der Zukunft lebt. Der Wassermann weiß, daß die strengen Gesetze der heutigen Gesellschaft früher oder später liberaler gestaltet werden müssen. Daher sieht er keinen vernünftigen Grund, etwas zu respektieren, was sicher schon morgen in etwas Neues, ganz anderes führen wird. Sollte eine blutige Revolte notwendig sein, um Toleranz, Brüderlichkeit und Verständnis hervorzubringen, so glaubt der Wassermann, daß der Zweck in diesem Fall die Mittel heiligt. Obwohl er Veränderungen der Welt (und seiner Freunde und Familie) befürwortet, beharrt er auf seinen eigenen persönlichen Meinungen, seinem Wertesystem und seinem Lebensstil und spiegelt hiermit die widersprüchliche Natur des herrschenden Planeten Uranus wider.

Für den unvoreingenommenen Wassermann ist jeder Mensch ein Freund. Doch werden vielleicht persönliche Beziehungen vernachlässigt, da er einem Idealismus folgt, der auf den Nutzen der Gesellschaft im allgemeinen bezogen ist. Wie das Wassermann-Zeitalter, das sie reflektiert, hat diese Seele eine goldene und glorreiche Zukunft im Auge, die vielleicht nur erreicht werden kann, indem man alte Gepflogenheiten und altmodische Ideen über Bord wirft. Sollten konservativere Menschen sich von dem Uranus-Verhalten verletzt fühlen, so lacht der Wassermann-Individualist nur über diese Mißbilligung. Intuitiv die Zukunft vorausahnend, erwidert der Wassermann auf alle Fragen: »Ich weiß«, und weigert sich störrisch zu erklären, *wie* er weiß. Nur Kindern gegenüber verhält er sich anders, da diese in ihrer eigenen Unschuld jenes Stadium der unschuldigen Unkompliziertheit verstehen, die die Seele unter dem Einfluß des Uranus auszeichnet.

Die positiven Eigenschaften des Wassermanns sind Weitsicht, Individualität, Toleranz, Freundlichkeit, Erfindungsgabe, Originalität und Genius. In der negativen Form kommt dies zum Ausdruck in Exzentrik, Neurosen, Absonderung, Geistesabwesenheit und in der Weigerung zur Zusammenarbeit. Für den Wassermann bedeutet Liebe eine besondere und selbstlose

Emotion, die erforscht und genossen werden muß. Der Wassermann versteht den Umfang der Liebe und prüft all ihre Dimensionen, doch zerstreut er sie auch sorglos, da er sie mit Freundschaft verwechselt. Die körperliche Erfüllung läßt ihn gefühlsmäßig leer und immer noch sehnsuchtsvoll, da er den Zauber der Einheit mit dem Partner nicht spüren kann – die endgültige Wahrheit der Liebe, die ruhig auf ihre Entdeckung wartet.

Das Liebesgeheimnis der Fische

Mit der geheimnisvollen Weisheit des die Fische beherrschenden Planeten Neptun wissen diese, daß Traurigkeit und Häßlichkeit nicht Teile von Gottes Plan sind. Sie haben einen Blick auf die Schönheit der Wahrheit erhascht, und die Brillanz dieser mystischen Vision löst in ihnen den Drang aus, sich den negativen Erfahrungen auf dieser Welt zu entziehen. Die Fische vermeiden also oft Konfrontationen und Spannungen durch den Fluchtweg der Drogen, durch Alkohol, Tagträume, künstlerische Kreation, philosophisches Theoretisieren, Meditation oder religiöse Zurückgezogenheit. Fische werden vielleicht Lehrer, Mönche, Nonnen, Mystiker, Künstler, Musiker, abstrakte Mathematiker und intuitive Wissenschaftler – oder vielleicht ziehen sie es auch vor, in den trüben Wassern des Alkoholismus oder der Drogenabhängigkeit zu schwimmen, wenn nicht sogar im Wahnsinn. Es ist in der Tat ein schwieriges und kompliziertes Stadium für die Seele, da die Sonnenzeichen-Erfahrung für den Fische-Mann oder die Fische-Frau mit Versuchungen beladen ist.

Da sie im Unterbewußtsein »alles schon einmal mitgemacht« haben, bringen die Fische ein natürliches Mitgefühl für die Schwierigkeiten ihrer Mitmenschen auf. Die Neptun-Seele ist mit den Wechselhaftigkeiten des Lebens vertraut, versteht die Schwächen der menschlichen Natur und neigt daher eher zu Mitleid, als die Fehler der Menschen zu verdammen. Und daher wenden sich andere sehr oft mit ihren Geheimnissen, Befürchtungen und Sorgen an diese »alten Seelen«. Doch ist deren erster Instinkt, sich von den heiklen Verwicklungen jeder Art fernzuhalten. Nur wenn die Fische den Mut finden, ihren eigenen Problemen mit der gleichen spirituellen Weisheit gegenüberzutreten, die sie anderen anbieten, können die Neptun-Geheimnisse ergründet werden. Diese Seelen sind vergebender, zärtlicher; denn die Fische versichern: »Ich glaube«. Um den vollen Glanz und die Wahrheit der Liebe zu erkennen, können die Fische, wenn sie wollen, auf die Unschuld des Widders, die Geduld des Stiers, das Bewußtsein des Zwillings, das Wahrnehmungsvermögen des Krebses, die Vornehmheit des Löwen, das Unterscheidungsvermögen der Jungfrau, die Urteilskraft der Waage, den Scharfsinn des Skorpions, die Ehrlichkeit des Schützen, die Weisheit des Steinbocks – und die Menschlichkeit des Wassermanns zurückgreifen. Doch manchmal führen diese vielen Fragmente geheimen Wissens nur dazu, die Fische noch mehr zu verwirren, und verleiten sie, den leichteren Pfad passiven Zurückweichens zu nehmen.

Die positiven Eigenschaften der Fische sind Bescheidenheit, Mitgefühl, Empfindsamkeit, geistige Wachsamkeit, psychisches Verständnis, philosophischer Einblick und heilende Kraft. In negativer Form kommen sie zum Ausdruck in Schüchternheit, Besorgnis, Masochismus, Trägheit, Lüge und Willensschwäche.

Für die Fische bedeutet Liebe selbstlose Unterwerfung des Ichs unter das Verlangen, eins zu werden. Die Fische erhalten mehr Vergnügen durch das Geben als durch Nehmen, mehr Glück durch Dienen als darin, bedient zu werden. Doch der rätselhafte Neptun stellt die Fische mit dem Zauber vielfältiger sexueller und romantischer Erfahrungen auf die Probe – und treibt sie von einer Affäre in die andere. Durch Promiskuität oder das Gegenteil, den Rückzug in ein Einsiedlerdasein – flüchten die umsichtigen Fische vor der Gefahr, sich im Netz tiefer emotionaler Bindungen zu verfangen.

Doch der Fische-Mensch, der dieser Versuchung widersteht, die Schmerzen der Liebe zu vermeiden – indem er nur deren Vergnügen sucht – wird von dem endgültigen Geheimnis der Liebe reichlich belohnt. Dann erblickt er vielleicht die wahre Leidenschaft einer Verbindung von Verstand, Herz und Geist, die zu einer seltenen physischen Ekstase führt.

Ihr Sonnenzeichen

Der Ausdruck »Sonnenzeichen« bedeutet, daß – wenn Sie zum Beispiel ein Zwilling sind – die Sonne bei Ihrer Geburt ihren mächtigen Einfluß im Felde des Tierkreises Zwillinge (nicht im astronomischen Sternzeichen) ausübte – in diesem Fall also vom 21. Mai bis einschließlich 21. Juni (während der letzten Jahrzehnte in den USA; in Europa bis einschließlich 20. Juni). Sie werden merken, daß die Daten der zwölf Sonnenzeichen-Perioden mit den Astrologie-Büchern, die Sie lesen, variieren; dies kann für den Laien verwirrend sein. Der Grund für diese Abweichungen liegt darin, daß die meisten Astrologen Sie nicht mit der Information belästigen wollen, daß die Sonne im Lauf eines bestimmten Tages (am Morgen, Nachmittag oder Abend) das Zeichen wechselt.

Daher »berauben« sie das darauffolgende Sonnenzeichen um diesen Wechseltag und geben ihn dem anderen – damit es sich ausgleicht. Dies vergrößert jedoch nur die Verwirrung. Es ist sehr einfach, so zu tun, als ob jede Sonnenzeichen-Periode genau um Mitternacht beginnt. Doch das stimmt nicht.

Die Sonne *verläßt* zum Beispiel, außer bei Schaltjahren, (während der letzten Jahrzehnte und auch gegenwärtig) das Zeichen Widder irgendwann am 20. April und *tritt* in das Zeichen Stier *ein* (am 21. April in Europa). Es ist wichtig zu wissen, daß der 20. April *beide* Zeichen enthält. Sonst könnten Sie vielleicht Ihr ganzes Leben lang glauben, Sie wären ein Stier, obwohl Sie in Wirklichkeit ein Widder sind.

Man darf also nicht vergessen, daß man die genaue Zeit und die Längen- und Breitengrade der Geburt kennen muß, wenn man am *ersten* oder am *letzten* Tag einer Sonnenzeichen-Periode geboren wurde, um urteilen zu können, ob die Sonne zu dieser Stunde am Geburtsort schon das »Zeichen gewechselt« hat. Der Ausdruck »Mondzeichen« bezieht sich auf das Feld des Tierkreises (nicht auf das astronomische Sternzeichen), durch den der Mond zur Geburtszeit »zog« und seinen Einfluß ausübte. Der Ausdruck »Aszendent« (gelegentlich auch »aufgehende Sonne« genannt) beinhaltet das Tierkreiszeichen, das am Osthorizont im Augenblick der Geburt »aufging«. Der Aszendent variiert mit dem Geburtsort (er hängt von der geographischen Lage, ausgedrückt in Längen- und Breitengraden, ab).

Eine Bemerkung zu den »Grenz-Geburtstagen«: Sehr oft sagen (und glauben) Menschen, die an einem dieser »Grenztage« (der Tag, an dem die Sonne in ein anderes Zeichen übergeht) geboren wurden, daß ihre Persönlichkeit scheinbar die Eigenschaften *beider* Sonnenzeichen enthalten. Und sie stellen sich vor, daß dies durch diese »Grenz-Geburtstage« hervorgerufen wird. Manche Astrologen sagen, daß ein »Grenz-Geburtstag« verursacht, daß der Mensch die Charakterzüge beider Zeichen zeige. Meine umfassenden und abwechslungsreichen Erfahrung als Astrologin haben mich überzeugt, daß dies einfach nicht der Wahrheit entspricht. In jedem einzelnen Augenblick, in dem ein Mensch glaubt, er verhalte sich in einer Weise, die einer Verbindung von zwei aufeinanderfolgenden Sonnenzeichen entspricht – verhält er sich, ohne Ausnahme, eben in dieser Weise, weil der *Mond* oder *Aszendent* dieses Menschen im »zweiten« Sonnenzeichen steht.

Ein einziges Sonnenzeichen gilt für Sie. Ihre Persönlichkeit kann und wird nicht an zwei Sonnenzeichen teilhaben, weil Sie an einem »Grenztag« geboren sind. Es ist wahr, daß jedes der drei »Dekanate« eines jeden Sonnenzeichens (jedes astrologische Zeichen umfaßt 30 Grad – jedes »Dekanat« zehn Grad) seine eigene Variation der einzelnen Sonnenzeichen-Eigenschaften verleiht. Doch das ist ein vollkommen anderes Thema. Wenn man ein Steinbock ist, so ist man ein Steinbock. Man ist nicht »zum Teil« ein Wassermann, weil man an einem »Grenztag« geboren wurde. Wenn man sich gelegentlich wie ein Wassermann verhält, so kann man sicher sein, daß der *Mond* oder *Aszendent* zur Geburtszeit im Zeichen Wassermann stand.

Besser: »Wenn sich die Sonne im Zeichen Steinbock befindet, so wirkt sie eben nur in der Art der Eigenschaften des Steinbocks.« Zu diesem äußerst genau bestimmten kosmischen Zeitpunkt (der auf der Erde vielleicht nur Minuten ausmacht, bei gegenwärtigen astronomisch-mathematischen Verhältnissen) – in dem Moment also, wenn die Sonne in das Zeichen Wassermann »eintritt«, übt sie ihren mächtigen Einfluß durch den Wassermann aus und nicht mehr durch das Steinbockzeichen. Die Sonne kann nicht gleichzeitig die Charaktereigenschaften von Steinbock und Wassermann bewirken. Es ist kosmisch und astrologisch unmöglich. Die Vereinfachung der Astrologen, die auf den kombinierten Eigenschaften der »Grenztage« bestehen, kann in Verbindung mit den Sonnenzeichen nicht angewandt werden. In Verbindung mit anderen astrologischen Kräften (eingeschlossen der gegenwärtige »Planeten-Einfluß« des Wassermann-Zeitalters) sowie mit den Aspekten und so weiter – kann man es anwenden. Aber nicht im Fall der Sonnenzeichen.

Sonnenzeichen - Geburtsperioden

Widder	21. März bis 20. April
Stier	21. April bis 20. Mai
Zwillinge	21. Mai bis 20. Juni
Krebs	21. Juni bis 20. Juli
Löwe	21. Juli bis 21. August
Jungfrau	22. August bis 22. September
Waage	23. September bis 22. Oktober
Skorpion	23. Oktober bis 22. November
Schütze	23. November bis 20. Dezember
Steinbock	21. Dezember bis 19. Januar
Wassermann	20. Januar bis 18. Februar
Fische	19. Februar bis 20. März

Geburtsherrscher

Widder	Mars
Stier	Venus
Zwillinge	Merkur
Krebs	Mond
Löwe	Sonne
Jungfrau	Merkur
Waage	Venus
Skorpion	Pluto
Schütze	Jupiter
Steinbock	Saturn
Wassermann	Uranus
Fische	Neptun

Die Stier-Stier Beziehung

Irgendwie hat die Behauptung die Runde gemacht, daß Stier-Menschen zu Übergewicht neigen. Das ist falsch. Einige neigen wohl zur Rundlichkeit, aber bei weitem nicht alle. Zwar essen und kochen sie gern, aber in den meisten Fällen wandelt der kräftige Körperbau des Stiers alle überschüssigen Kalorien in reine Muskelkraft um.

Ein weiteres Mißverständnis betrifft die angebliche Faulheit des Stiers. Der Stier ist nicht faul. Er hält lediglich Energieverschwendung für eine Sünde. Deshalb wird man ihn selten bei überstürzten Aktivitäten ertappen. Der Grund dafür liegt in der Sparsamkeit des typischen Stiers, ob es sich um seine Kraft oder sein Geld handelt. Es ist schwierig, zwei Stiere zu einer spontanen Handlung zu bewegen (es sei denn, sie sind verärgert, aber davon später). Es ist in der Tat *doppelt* so schwierig, *zwei* Stiere zu bewegen, als *einen* (ein Beispiel für unkomplizierte, vernünftige Stier-Logik). Stellen Sie sich zwei Stiere als zwei Berge fruchtbarer Erde nebeneinander vor. Keiner von beiden möchte die geruhsame Stille durch unnötiges Schwätzen stören. Bei ihrem ersten Zusammentreffen beschnuppern sie einander vorsichtig. Kein Stier stürzt sich gern kopfüber in eine Verbindung mit einem anderen Stier (oder mit einem anderen Sonnenzeichen), bevor nicht alle denkbaren Möglichkeiten sorgfältig und ernsthaft abgewogen sind.

Dies bringt uns zur dritten falschen Behauptung über den Stier – daß er stur sei. Er ist es nicht! Er ist vielmehr von seinen Ansichten felsenfest überzeugt und kein nervöser Schwätzer, der unaufhörlich seine Meinung ändert und den Kopf verliert. Der Stier ändert seine Meinung nicht oft und verliert noch seltener den Kopf. Nach sorgfältigem und ernsthaftem Abwägen ist es nur *vernünftig*, sich an das zu halten, von dem man überzeugt ist. Treffen zwei Stier-Menschen (gleich welchen Geschlechts) mit gegenteiligen Ansichten zusammen, verhalten sie sich dem anderen gegenüber *vernünftiger* als gegenüber dritten Personen mit abweichenden Meinungen.

Eine Verbindung zwischen zwei Stieren, die unter der doppelten Bürde eines 1:1-Sonnenzeichen-Einflusses stehen, kann ausgeglichen, von Dauer und wechselseitig beruhigender Wirkung sein. Beide sind in der Regel liebe, geduldige Menschen, einander in Treue ergeben und voller Achtung vor den Rechten des anderen. Allerdings verläuft ihr Leben oft etwas langweilig und ereignislos, wenn beim Geburtshoroskop eines oder beider Partner die Luft- oder Feuerzeichen fehlen. Der Stier mißtraut Veränderungen, weil er konservativ ist, und das ist *keine* falsche Behauptung. Wenn Sie einen Stier kennen, der Veränderungen, vor allem plötzliche Veränderungen, liebt, dann wurde er entweder adoptiert, oder der Mond und/oder der Aszendent standen zur Geburtszeit in Widder, Zwilling oder Wassermann, vielleicht auch im Schützen. Der typische Stier hütet sich vor überstürzten Reformen oder plötzlichen Veränderungen des Status quo; in dieser Hinsicht ist er dem Widder sehr ähnlich. Er ist der Auffassung, daß es seit Jahrhunderten eigentlich ziemlich gut gegangen ist, warum sollte man also die Regeln und Gesetze des Lebens ändern? Für den Durchschnitts-Stier ist jeder radikale Eingriff in eine »feste« Gewohnheit (der Stier ist ein festes Zeichen) sehr unklug. Feste Gewohnheiten haben sich im Laufe der Zeit als richtig erwiesen und bewährt. Wenn ein Stier seine Meinung ändert – was gelegentlich vorkommt –, können Sie sicher sein, daß diese Meinungsänderung nach methodischen Überlegungen zustande gekommen ist und die Idee alle Voraussetzungen für ihre Durchführbarkeit erfüllt.

Der Stier kann aus Gewissensgründen viele Dinge ablehnen, und er fürchtet sich nicht vor den sich daraus ergebenden Gefahren. In der Astrologie wird das Sonnenzeichen Stier (sowie der Krebs) von Patriotismus beherrscht. Mancher Stier engagiert sich für Ökologie, Sonnenenergie, Umweltschutz, die Frauenbewegung usw. Schließlich leben wir im Wassermann-Zeitalter, und auch Stiere können sich diesen gewaltigen Umwälzungen nicht fernhalten. Dennoch schließen sie sich nur nach reiflichen und langen Überlegungen den Protestbewegungen an.

Die von der Venus beherrschten Stiere, die seinerzeit als »Blumenkinder« für den Frieden demonstrierten, betrachten den Frieden als Selbstverständlichkeit. Nur wenige der Menschen, die z. B. Brände legten, Bomben warfen und sonstwie Recht und Ordnung herausforderten, waren Stiere. Aber in den meisten Fällen standen die »revolutionären« Stiere ruhig abseits. Die Verteidigung der etablierten Ordnung und der Respekt vor Autorität (wenn sie *vernünftig* ausgeübt wird) stehen oft am Anfang einer engeren Beziehung zwischen zwei Stieren und halten beide auch zusammen. Der Stier ist der Meinung, daß eine vielleicht notwendige Veränderung nur innerhalb des Systems vernünftig ist. Wenn aber die angeborenen Charakterzüge zweier Stiere zusammenwirken, können sie zu einer Form erstarren, die ans Fanatische grenzt. Beide sorgen sich zutiefst und ernsthaft um den Schutz ihrer Investitionen, ihres Eigentums, ihrer Familien und der Menschen, die sie lieben.

Der möglicherweise Spannungen verursachende Aspekt einer Stier-Stier-Beziehung ist, daß beide nur sehr widerwillig Reue zeigen, wenn sie den Partner verärgert haben. Auch wenn der Stier im Innersten überzeugt ist, einen Fehler begangen zu haben, verteidigt er störrisch seine Handlungsweise. Denn einen Fehler zugeben sieht so peinlich nach Schwäche aus, und genau dieses Wort läßt den Stier Rot sehen. Hin und wieder vermag ein Stier, den anderen dazu zu bringen, daß er sich herabläßt und sich entschuldigt, aber dies gelingt nicht oft.

Wenn der Stier endlich begreift, daß Stier-Geduld eine wünschenswerte und holde Tugend ist, die sich jedoch, ins Gegenteil verkehrt, zu schierer unerwünschter Starrköpfigkeit verwandelt, fällt es ihm leichter, der anderen Hälfte des Stier-Gespanns das gelegentliche Auftauchen dieser »Tugend« zu verzeihen. Zwei Stiere können sich wunderbar verstehen. Sie sind beide gelehrig, zuverlässig und nachgiebig – wenn sie es mit dem anderen nicht zu weit oder zu bunt treiben. Beinahe alle Stiere besitzen einen überwältigenden Sinn für Humor – lernen sie außerdem noch, über sich *selbst* zu lachen, dürfte es keine Anpassungsprobleme mehr geben.

In jedem Stier steckt hinter seinem ruhigen und gesetzten Auftreten ein lustiger Mensch. Wenn zwei Stiere einander diesen Aspekt ihrer Persönlichkeit erkennen lassen, steckt bei jedem Stier ein witziger Kern. Und wenn sich zwei Stiere den Blick hinter diese Fassade nicht verstellen, dann wird sich ihr ganzer Humor, der ein Charakteristikum dieser 1:1-Sonnenzeichen-Verbindung ist, wie ein erfrischender Glücksregen auf die gegenseitig beigebrachten Wunden ergießen, sie reinwaschen und die Blumen der Vergebung in beider Herzen erblühen lassen . . .

Stier-Frau – Stier-Mann

Ein Stier-Mann geht ohne Umwege sicher auf sein Ziel zu, Schritt für Schritt, nicht sprunghaft. Er ist völlig zufrieden, den Lohn für seine Bemühungen zu gegebener Zeit zu erhalten, und Mißerfolg und Pech können seine Gelassenheit kaum stören. Er vermag eine schwere Last an Verantwortung aus übernommenen und aufgetragenen Pflichten stoisch zu tragen. Und mehr als einmal wird seine dauernde geduldige Plackerei schließlich von Erfolg gekrönt.

Der typische männliche Stier besitzt die gleiche ruhige Zielstrebigkeit wie sein astrologisches Symbol, wenn seine Persönlichkeit sich voll entwickelt hat. Auch wenn er nicht dem reinen Stier-Typ entspricht, ist diese kraftvolle Entschlossenheit noch vorhanden. Der typische Stier-Mann ist sichtbar von dem Mut und eisernen Willen seines Stier-Symbols beeinflußt und macht auf bewundernswerte Weise davon Gebrauch. Er weiß, was er will, und ist bereit, das Nötige zu opfern, um sein Ziel zu erreichen, ohne Klagen und Jammern.

Nichts könnte ihn für die Stier-Frau liebenswerter machen. Sie ist beeindruckt, denn sie braucht einen praktisch denkenden und handelnden Mann, der mit beiden Füßen auf der Erde steht. Stier-Mann und Stier-Frau haben vieles gemeinsam. Sie hat ihre Geldbörse und er seine Brieftasche fest im Griff. Da beide die Natur lieben, bauen sie sehr gern irgendwelche Pflanzen an und beobachten ihr Wachstum mit der gleichen Begeisterung wie das Anwachsen ihrer Wertpapiererträge und Guthaben. Und noch etwas haben die beiden gemeinsam: Sie glauben nicht an den Weihnachtsmann. Ihr Weihnachtsmann ist ihr Bankdirektor, der nicht im Rentierschlitten, sondern in einem dicken Mercedes fährt. Wenn sie das Jahr über brav per Dauerauftrag gespart haben, liegen unter dem Weihnachtsbaum Dividenden und fette Zinsen. Und eines Tages besitzen sie ein idyllisches Haus auf dem Land, an einem ruhigen Bach gelegen, fernab von hupenden Taxis, Smog und den verrauchten Nachtclubs der Stadt. Der Stier verleugnet nie, daß er in einem Erdzeichen geboren ist.

Hinter der glänzenden Fassade seines Berufs, seiner Karriere (einschließlich der politischen), die der Stier auf seinem Weg zur ländlichen Idylle einschlägt, verbirgt sich der immer stärker werdende Traum einer Flucht, die ihn schließlich aus der pulsierenden Stadt herausführt in den Frieden und die Frische des Lebens auf dem Lande - Heu, Pferde, Stallgeruch . . . Der Traum kann zu jedem beliebigen Zeitpunkt im Leben eines Stiers auftauchen; auftauchen wird er aber, auch wenn seine Realisierung lange hinausgeschoben wird, z. B. bis zu der Zeitspanne, die von den Versicherungsgesellschaften sinnigerweise als das angeblich letzte Drittel unseres Lebens bezeichnet wird.

Sollte der Stier-Mann etwas länger als geplant brauchen, um das Fundament ihrer gemeinsamen Zukunft zu legen, ist die Stier-Frau ebenso geduldig wie er. Dieser Frau wird es nichts ausmachen, einige Jahre zu arbeiten, um ihren Mann zu unterstützen, solange er, symbolisch gesprochen, das Heu wendet und ernsthaft versucht, das Gras auf ihrer Fluchtwiese grünen zu lassen. Sie wird in den meisten Fällen ohne Murren warten. Die beiden sind ein gutes und unzertrennliches Gespann.

Haben sich die beiden bis über beide Ohren ineinander verliebt, stehen sie bald vor dem Standesbeamten, schauen sich tief in die Augen und flüstern ihr Jawort. Dann, wenn die Flitterwochen vorbei sind, kriegen sie sich in die Haare. Aus verschiedenen Gründen. Sie will Kinder, aber er hält es für besser, mit der Gründung einer Familie zu warten, bis ihr Bankkonto dikker ist – also wird sie ein oder zwei Kinder in die Welt setzen, nur um zu zeigen, daß er *ihr* nicht befehlen kann.

In einem Liebesverhältnis zwischen zwei Stieren werden ihre beiderseitige Starrköpfigkeit und die Weigerung, die Neigungen des anderen anzuerkennen, sie in eine Sackgasse von geistiger und gefühlsmäßiger Voreingenommenheit führen und eine Verständigung schwierig machen. Doch besitzen Stiere glücklicherweise die Fähigkeit, Frustrationen abzuschütteln und durch Erfahrung zu lernen. Was der Stier einmal gelernt hat, wird er niemals vergessen. Niemals! Bemühen sich diese beiden Stiere, die Lektionen der Vergebung zu lernen (für den Stier ein schwieriges Unterfangen), können sie aus dieser Sackgasse herausfinden.

Natürlich bedeutet Sex nur eine menschliche Erfahrung unter vielen, aber für Stier-Liebende oder -Partner ist sie eine außerordentlich wichtige. Der erste Reiz ist stark physischer Natur, die geistige und emotionale Bindung kommt erst später. Dies entspricht nicht unbedingt der idealen Reihenfolge der Prioritäten, um eine erfüllte Liebe zu erreichen, bei einem Stier-Paar scheint sie sich jedoch zu bewähren. Vielleicht ist dies nicht einmal überraschend. Da Sex für den durchschnittlichen oder typischen Stier eine Erfahrung völliger Sinnlichkeit darstellt, kann sich der körperliche Ausdruck der Liebe zwischen diesen beiden allmählich zu einem beinahe rauschhaften Erlebnis entwickeln, obwohl die meisten Stiere (nicht alle, aber die meisten) schon bei der Erwähnung von Drogen finster blikken. Stiere lehnen den Drogengenuß strikt ab, da er geistige Erkenntnisse verhindert.

Niemand, der bewußtseinserweiternde Drogen nimmt, um seine Sinneserfahrungen zu verstärken, kommt jemals so nahe an das Äußerste sinnlichen Ausdrucks und sinnlicher Erfahrung heran wie zwei Stiere mit Zwillingsseelen, die einander lieben. Ein Mensch mag, von Drogen »high«, den Geruch eines Stücks Seife, die Feinheit der Blumenblätter des Gänseblümchens, den exquisiten Geschmack eines Wassertropfens sowie dessen mächtige Lebenskraft, die Beschaffenheit eines Holzsplitters oder die Sinfonie des Geräusches einer tickenden Wanduhr bewundern. Aber dieser ausgeflippte Typ hat mit unseren beiden Stier-Liebenden nichts zu tun.

Ein Stier, gleich welchen Geschlechts, kann endlose Stunden auf der reichen, duftenden Erde liegen und den Geruch der Haut des Geliebten, das feine, zierliche und märchenhafte Netz der Himmelskarte auf der Hand des Geliebten, die fliegende Leichtigkeit weichen Haares, den süßen Geschmack eines Ohrläppchens . . . oder das pochende Crescendo des Partner-Herzens bewundern.

Stier-Menschen sind nicht übermäßig empfänglich für den emotional tieferen Sinn des Sex, doch sind sie bestimmt aufnahmefähig für die sinnlichen Möglichkeiten. Dem Stier ist im Gegensatz zu den meisten Menschen das Fehlen eines sechsten Sinnes nicht bewußt, dafür aber empfindet er um so intensiver mit den vorhandenen fünf. In der Beziehung zweier liebender Stiere gibt es selten Unstimmigkeiten im Sexualleben, es sei denn, daß einer sich dem anderen verweigert, weil er gerade wegen irgend etwas verärgert ist. Dann könnten sie den sechsten Sinn ganz gut gebrauchen. Dieser könnte dem Stier helfen, mehr psychologisches Einfühlungsvermögen zu entwickeln, um zu verstehen, warum der Partner sich so störrisch verhält. Durch eine Art telepathischer Verständigung würde er spüren, was sein Partner wirklich will - nämlich auf keinen Fall allein gelassen zu werden, auch wenn es den Anschein hat. (Möglicherweise steckt das geheime Verlangen nach schmeichelnder Zuwendung dahinter.)

Was den materiellen Bereich ihrer Beziehung angeht, so hat ein Stier-Paar großes Geschick, einen ansehnlichen Betrag an Geld und Besitz anzuhäufen - und, glauben Sie mir, sie werden ihn nicht aus der Hand gleiten lassen. Sie sind beide empfindsam, warmherzig und liebevoll; ihr gefühlsmäßiges Verhalten wird zärtlich von ihrem Herrscher Venus bestimmt, der ihre Charaktere mit viel Liebe und Güte beeinflußt, aber auch gelegentlich einen verführerischen Einfluß auf jede Form von Exzessen ausübt, sei es beim Essen, Trinken, Sex, sei es Habgier – eben alles, was einem so aus dem Stegreif einfällt. Die beiden sind gleichermaßen kräftig, geduldig und emotional ausgeglichen – mit Ausnahme dieser so seltenen Ausbrüche blinder Wut, die im allgemeinen nur alle Jahrzehnte einmal vorkommen, wenn der Stier wirklich rot sieht. Tatsächlich aber passen Stier-Mann und Stier-Frau sehr gut zusammen.

Mögen auch zeitweise Verständigungsprobleme zwischen den beiden auftreten, so weiß der Stier genau, wie er »es tut mir leid« oder »ich brauche dich« in der ruhigen Stier-Zeichensprache sagen muß, und seine Stier-Frau weiß genau, wie sie es verstehen muß. Für diese beiden kann die gegenseitige Berührung in einem dunklen Raum mehr bedeuten als hundert Worte.

Die Stier-Zwillinge Beziehung

Stier-Männer und -Frauen sind ruhige, standhafte, praktische Menschen, die versuchen, sich um ihre eigenen Sachen zu kümmern. Gelegentlich sind sie ungestüm, aber meist bewahren sie eine bewundernswerte Ruhe. Der Stier kann, wenn nötig, ohne mit der Wimper zu zucken, einem Sturm die Stirn bieten. Trotzdem sind seine Kraft und entschlossene Standhaftigkeit der Behendigkeit der Zwillinge nicht gewachsen, die geschickt aus jeder irdischen Drohung einen Ausweg finden können – die Zwillinge sind nämlich zwei unterschiedliche Menschen, getarnt als eine Person.

Die Zwillinge machen sich oft einen Spaß daraus, den ihrer Meinung nach viel zu schwerfälligen Stier zu verwirren, indem sie ihre doppelte Persönlichkeit ausspielen. Der Stier, Ehrlichkeit erwartend, erkennt meist erst recht spät, daß sich der Zwilling ihm gegenüber als ein anderer ausgegeben hat, der er in Wirklichkeit nicht ist, und fühlt sich schmählich betrogen und tief gekränkt.

Der Stier braucht lange, um etwas zu lernen, aber eine einmal gelernte Lektion wird er nie vergessen. Niemals! Ein Elefant ist vergeßlich im Vergleich zu einem gekränkten Stier. Natürlich hält nicht jeder Zwilling seine Zwillings-Ichs so getrennt. Die meisten Zwillinge können ihre zwei unterschiedlichen Persönlichkeiten zu einem intelligenten und interessanten Menschen vereinen, der verhältnismäßig ehrlich und erfrischend anpassungsfähig ist. Trotzdem verursacht die Fähigkeit des Zwillings, seinen Standpunkt beliebig zu ändern, um zu überleben, beim Stier das unbehagliche Gefühl, daß er irgend etwas nicht ganz versteht – oder nicht vertrauen kann.

Dies ist eine 2:12-Sonnenzeichen-Verbindung, das heißt, das Zeichen Stier steht im Schicksalsrad unmittelbar vor dem Zeichen Zwillinge. Deshalb hat der Zwilling Seelenerinnerungen daran, welche Möglichkeiten der Stier auf Grund seiner übermäßigen Vorsicht versäumt. Und daher fürchten Zwillinge beiden Geschlechts und jeden Alters die eingefahrenen Gleise und mögliche Eintönigkeit. Andererseits sympathisieren sie jedoch auch mit dem Stier-Wunsch, auf Nummer Sicher zu gehen, und zwar mehr als andere Sonnenzeichen, da sie ihn im Unterbewußtsein noch sehr gut kennen.

Da der Zwilling dem Stier im Tierkreis folgt, ist es allen Stieren irgendwie bewußt, daß sie etwas von diesen intelligenten, schlagfertigen Menschen lernen können. Aber das, was der Zwilling lehren will, versteht der Stier nur sehr schwer. Der Stier möchte das Leben gern leichternehmen, schneller denken, die Vergangenheit ohne Reue vergessen und jeden Tag sorglos ein neues Abenteuer antreten können. Er sehnt sich nach der Freiheit des Geistes, die der Zwilling, ein paar Schritte voraus, dem langsameren Stier immer wieder glänzend und verlockend vor Augen führt.

Es ist immer leichter, dem Stier eine Lebensversicherung zu verkaufen als dem Zwilling. Eine typische Sonnenzeichen-Situation wäre ein Zwillings-Vertreter von einer Skorpion-Versicherungsgesellschaft, der einen Stier-Kunden überredet, Abschlüsse gegen alle möglichen Risiken zu tätigen. Der Stier läßt sich selten durch Zwillinge-Methoden überrumpeln, es sei denn, er kauft Sicherheit und Schutz für Familie und Eigentum, ganz zu schweigen vom Schutz für sein Einkommen in der Zukunft. Dann allerdings steht der Stier der List und dem Charme des Zwillings völlig hilflos gegenüber.

Die dogmatische Entschlossenheit des Stiers, sich an erwiesene Tatsachen zu halten, kommt dem kaum schablonenhaft denkenden Zwillinge-Menschen oft wie sture Voreingenommenheit vor. Auf der anderen Seite wittert der typische Stier hinter der angeblich wahren Aussage brillanter Zwillinge-Logik und -Beredtheit eigentlich immer Unwahrheit und Täuschung. Gerade die erstaunliche Redegewandtheit des Zwillings weckt das angeborene Mißtrauen des Stiers. Jemand, der Worte mit einer solchen Leichtigkeit zu jonglieren weiß und fesselnde Erzählungen voller Witz und Spannung hervorsprudelt, ist dem eher wortkargen Stier verdächtig, denn dieser legt jedes Wort seiner seltenen Reden auf die Goldwaage.

Nicht alle Zwillinge sind bei Diskussionen völlig aufrichtig. Einige reden um den heißen Brei herum, schweifen vom Thema ab, so daß der Stier wütend wird: »Bleib bei der Sache! Hör auf mit diesen Erklärungen!« Der Zwilling neigt auch zu Weitschweifigkeit und Wiederholung in seiner Rede, so daß seine Stier-Freunde, -Verwandten, -Geschäftspartner, -Liebespartner oder -Ehepartner sich daran gewöhnen, nach der dritten oder vierten Wiederholung einfach abzuschalten.

Zwillinge geben gute Politiker ab. Sie können mit Charme und Logik unterschiedliche Meinungen unter einen Hut bringen und so bei allen Beteiligten die Illusion von Einigkeit und Frieden hervorrufen. Der Zwilling wird nicht ohne Grund der »Vermittler« genannt.

Die »luftige« Gleichgültigkeit des Zwillings (er ist ja in einem Luftzeichen geboren) kann den Stier kränken und ärgern, da Gleichgültigkeit für ihn bedeutet, entweder ignoriert oder in herabwürdigender Weise bevormundet zu werden. Beides gefällt ihm ganz und gar nicht. Mancher Stier trägt jahrelang den Ärger über eine tatsächliche oder eingebildete Ablehnung seitens eines Luftzeichens mit sich herum, und dies ist oft die Ursache seiner hartnäckigen Sturheit. Zwillinge dagegen können beim besten Willen nicht verstehen, wie jemand so eigensinnig sein kann, daß er für alle Logik und Vernunft taub ist. Aber ein freundliches Wort, ein um die Schulter gelegter Arm oder ein zärtlicher Händedruck (jede Art von *Berührung*) läßt das sanfte, von Venus beherrschte Herz des Stiers wie Butter in der Sonne schmelzen. Trotz all seiner Geschicklichkeit beherrscht der Zwilling diese magische Formel zur Erweichung des »festen« geistigen oder gefühlsmäßigen Standpunktes nicht.

Die häufigste Ursache für Spannungen zwischen den beiden ist die Gewohnheit des Stiers zu fühlen, wenn er *denken* sollte – und die des Zwillings zu denken, wenn er *fühlen* sollte. Der

Zwilling sollte nicht versuchen, den Stier mit seinem Scharfsinn zu blenden – sondern ihn mit Zuwendung erweichen.

Stier-Frau – Zwillinge-Mann

Sobald eine Stier-Frau ganz sicher ist, daß sie einen Zwillinge-Mann liebt, tut sie zunächst alles in ihrer Macht Stehende, um ihm eine feste, gesellschaftlich und gesetzlich abgesicherte Verbindung schmackhaft zu machen. Sie besitzt mehr verführerische Kräfte, als man vielleicht annimmt: erotische Sinnlichkeit, zärtliche Zuneigung, reichen Humor, ihre Kochkunst, Geduld und Mut. Sollte keine ihrer weiblichen Verführungskünste Erfolg haben, seufzt sie, atmet tief durch und spielt gutgelaunt die Rolle der Liebhaberin. Insgeheim wendet sie immer noch die gleichen Waffen an, aber sie ist bereit, so lange zu warten, bis er selbst zur Einsicht kommt. »Wer wartet, bekommt alles«, ist ihre Lebensphilosophie.

Die Stier-Frau ist sehr vorsichtig, um sich nicht in einem Gestrüpp von Gefühlen zu verfangen. Ist dies aber doch einmal geschehen, so kann sie sich nur sehr schwer daraus befreien.

Der Zwilling ist ebenso auf der Hut, sich von ihr nicht einfangen zu lassen. Er schenkt ihr zärtlich eines seiner Zwillings-Herzen, aber er behält das andere, falls das verschenkte Herz zerbrochen werden sollte.

Die Stier-Frau, die sich normalerweise gegen jedes Risiko absichert, kann sich jedoch nicht gegen Enttäuschungen absichern, wenn sie einmal einem anderen Menschen Treue geschworen hat. Wenn Mars oder Venus (oder die Sonne) in ihrem Geburtshoroskop nicht ungünstig beeinflußt werden, kann diese Dame viel ertragen, einen Seitensprung ebenso wie Armut und Leid. Sie ignoriert gelassen die Possen ihres heiratsunwilligen, von Merkur beherrschten Mannes, und nicht immer, aber meistens gewinnt sie. Stehen bestimmte Planeten in ihrem Geburtshoroskop in Quadratur oder Opposition, ist es möglich, daß sie dem Zwillings-Mann das Herz bricht, indem sie dem Vergnügen nachjagt, nur um ihn zu quälen.

Es ist schwierig, einer Stier-Frau, die von der Richtigkeit ihres Standpunkts überzeugt ist, die Wahrheit bewußt zu machen. Die Wahrheit ist die, daß es vor allem darauf ankommt, rechtzeitig die Gefahren dieser Sackgasse zu erkennen, denn dann läßt sich ihre Beziehung zueinander wieder mit Leben füllen. Aber vielleicht möchte sie nicht zugeben, daß nicht alles so rosig ist, wie es sein könnte. Wie vernünftig sie in anderen Dingen auch sein mag, wenn es um ihre eigene emotionale Geborgenheit geht, kann sie unglaublich töricht sein. Steht sein Mond in einem Erd- oder Wasserzeichen und ihr Mond in einem Erd- oder Luftzeichen, so hat diese Beziehung bessere Aussichten auf Erfolg, da dann jeder die Fehler des anderen ausgleicht.

Der Zwillings-Mann wird sich, wenn er immer mit der gleichen Frau zusammenlebt, schnell langweilen, aber dies muß nicht unbedingt zur Untreue führen. Er will nur die unterschiedlichen Gesichter der Frau, die er liebt, studieren, die Schattierungen ihres Gefühlslebens kennenlernen, ihre verschiedenen Launen erleben. Aber die Stier-Frau hat nur drei Launen: süße, zärtliche Zufriedenheit, mürrisches Grübeln und ungestüme Wut. Der Merkur-Mann möchte vielleicht, daß sie ihre Launen hin und wieder mit einigen impulsiven Einfällen, einem emotionalen Versteckspiel etwa, würzt. Sie mag Veränderungen hassen, aber eine Frau, die sich in einen Zwilling verliebt hat, muß lernen, sich mit Neuerungen abzufinden.

Die Stier-Frau neigt dazu, auf einem Standpunkt, den sie gewählt hat, zu bestehen, ohne sich auf Entschuldigungen oder Kompromisse einzulassen. Diese Frau vermag sich nicht vorzustellen, wie kalt und grausam sie wirkt, wenn sie in wilder Entschlossenheit beide Ohren vor weiteren Diskussionen verschließt.

In sexueller Hinsicht könnten die gleichen Probleme (Abwechslung kontra Sturheit) in ihrer Beziehung auftauchen. Sie will geliebt werden, und für sie sollte der körperliche Ausdruck dieser Liebe eine reiche Erfahrung sein. Sie erwartet vollkommene sinnliche Befriedigung von ihrem Partner, und sie gibt sie auch in gleichem Maße zurück. Wenn sie liebt, ist nichts Geheimnisvolles dabei. Sie will ihren Mann neben sich spüren, ganz nahe! Wenn sein Merkur-Geist vielleicht irgendwo weit entfernt weilt, könnte sie ihm das verübeln, weil sie es als Mangel an Leidenschaft und als Gleichgültigkeit auslegt. Und er könnte ihr verübeln, was er als ein Eindringen in seine Gefühlswelt empfindet. Er betrachtet seine Gefühle als Privatsache, auch in den intimsten Momenten. Jedes Luftzeichen neigt dazu, irgendwie dem Sex zu mißtrauen, es sei denn, sie können ihre Phantasie einsetzen. Der Zwillings-Mann möchte seine sexuellen Erlebnisse mit Poesie und Phantasie verbinden.

Stier-Mann – Zwillinge-Frau

Die sanfte, schwelende Leidenschaft des Stiers ist weder leicht noch schnell zu entfachen. Hat dieser Mann sich aber wirklich verliebt, wurde sein Venus-Herz berührt, wird er selten, wenn überhaupt, von seiner getroffenen Wahl abweichen, es sei denn, sein Mond- oder Aszendentenzeichen ist Zwillinge, Schütze oder Fische. Wenn er sich auf etwas einläßt, dann total und ohne Vorbehalte. Er wird es bis zum bitteren oder süßen Ende durchstehen, unbeirrt von Regen, Hagel und Schnee – unbeirrt auch von den unerwarteten Zornesstürmen und Gefühlsausbrüchen seines Zwillinge-Mädchens. Er wird sich durch alle Schwierigkeiten hindurchkämpfen.

Nichts und niemand, nicht die Gefährdung seines Rufes (normalerweise sein Hauptanliegen), nicht die Meinungen von Verwandten oder Freunden können diesen empfindsamen Mann aufhalten oder auch nur im entferntesten beeinflussen, wenn er verliebt ist. In dem Augenblick, in dem ein sonst so praktisch denkender Stier sein Herz verliert, ist auch sein gesunder Menschenverstand dahin. Sein neu entdecktes Bedürfnis, das Mädchen seiner Träume zu sehen, zu riechen, zu hören, überdeckt alles andere. Er ist zu Treueschwüren fähig – und er hält sie –, vertrauenswürdig, fest und loyal, weit über die Grenzen des Üblichen hinaus. Verliebt er sich einmal, so ist es für ewig. Kommt es jedoch nicht zu einem Happy-End, vergeht er vor Liebeskummer, oder er stürzt sich in andere sinnliche Abenteuer. Er wird vielleicht zum mürrischen Alkoholiker (einer der erschreckendsten Fehler, die ein Stier begehen kann) oder zum unersättlichen Vielfraß, was ebenso unnatürlich für den Stier ist, da sein höherer Instinkt normalerweise Exzesse *jeder* Art verhindert.

Das klingt, als sollten die romatischen Tagträume eines jeden Mädchens hier Wirklichkeit werden. Die Träume der Zwillinge-Frau sehen jedoch anders aus. Sie sind nicht so erdverbunden wie die des Stiers. Zwillinge wollen, da sie in einem Luftzeichen geboren sind, frei und ungebunden sein, sich treiben lassen.

Ihr Bedürfnis nach Gesellschaft, ihr Bedürfnis, auszugehen und sich mit Menschen beiderlei Geschlechts zu treffen, muß nicht unbedingt eine bestehende Beziehung zerstören. Sie kann sich einem Mann tief verbunden fühlen und dennoch die Gesellschaft anderer Männer suchen. Doch versuchen Sie einmal den besitzergreifenden Stier von diesem Bedürfnis zu überzeugen. Ich meine, die Zwillinge-Frau kann es versuchen, aber sie riskiert viel dabei. Es wäre besser, sie würde ihm alles *vor* der Ehe erkären; dann kann er seinen Ärger schlucken und ihr den Rücken kehren. Wartet sie jedoch, bis er sie – in jeder Hinsicht – als sein Eigentum betrachtet, um ihm dann zu erklären, daß sie einfach Luft und Freiheit braucht, sonst irgendwelche verrückten Dinge tun muß, um sich nicht zu langweilen, wird seine Reaktion die gleiche sein, sein Zorn würde sich jedoch nicht in Grenzen halten. Der typische Stier-Mann wird es nicht so leicht verkraften, wenn er entdeckt, daß seine Frau sich von Zeit zu Zeit austoben will. Darauf können Sie wetten!

Ist sein Mond- oder Aszendentenzeichen Zwillinge, Waage, Wassermann, Löwe oder Widder – oder stehen Mars oder Venus bei der Geburt im Zwillinge-Zeichen vereint mit ihrer Sonne, so kann es zu einer glänzenden Verbindung kommen. Er hat die Ausgeglichenheit und den ruhigen, wohltuenden Einfluß seines Sonnenzeichens, um ihr auf angenehme Art die Flügel zu stutzen, wenn sie versucht auszufliegen. Und er hat auch genügend »Luft«, um ihren Enthusiasmus anzustacheln, und genügend »Feuer«, um selbst den Funken ihrer Freiheit aufzufangen. Ist *ihr* Mond- oder Aszendentenzeichen Stier, Jungfrau, Steinbock, Fische oder Krebs (es würde helfen, wenn Mars oder Venus im Stier stünde), ist sie meistens, aber nicht immer, damit zufrieden, gemütlich zu seinen Füßen zu sitzen und sich von ihm streicheln zu lassen, während sie wie ein Kätzchen schnurrt und seine Liebesbeteuerungen anhört.

Trifft keine der genannten Voraussetzungen zu, so wird es Verständigungsprobleme auf beiden Seiten geben. In Geldfragen zum Beispiel. Sie gibt gern Geld aus, er legt es lieber auf die hohe Kante. Oder in Essensfragen. Er ißt leidenschaftlich gern (obwohl gewöhnlich nie übermäßig), sie jedoch kocht nicht gern. Sie kann vielleicht einen Salat zubereiten, wird es jedoch komplizierter, so überläßt sie es lieber dem Koch in ihrem französischen Lieblingsrestaurant.

Er wird ihre Merkur-Launen wohl nie ganz verstehen, und dieses Mädchen wechselt ihre Launen wie andere Leute ihre Hemden. Das fing schon während ihrer Kindheit an. Zuerst wollte sie Nonne werden. Dann ein Pfarrer. So ähnlich. Jetzt fällt sie von Überschwenglichkeit in Depression, von Großzügigkeit in Geiz. Zuerst möchte sie Schauspielerin werden, dann Anthropologin. Kein Wunder, daß sie den Stier mit ihren Launen auf Touren bringt.

Der Stier ist ein sinnlicher und leidenschaftlicher Liebhaber. Der Zwilling sieht Sex als ein aufregendes Abenteuer in dem verzauberten Märchenland seiner Phantasie. Jeder Stier hat in sexueller Hinsicht einen mehr ursprünglichen (manchmal etwas groben) Sinn für Humor, wird es aber nicht verstehen, wenn sie wegen ihrer eigenen Phantasiewelt immer wieder aus seinen Armen flüchtet.

Diese Mann möchte eine Frau aus Fleisch und Blut an sich drücken, keine zarte Nymphe oder einen Astralleib. Ihre Gedankenwelt ist ihr Spielplatz, voll faszinierender Bilder; doch dies ist zu wenig greifbar für den Stier, der mit beiden Beinen fest auf dem Boden der Tatsachen steht. Die beiden müssen Kompromisse schließen.

Was den Stier-Mann am meisten verwirrt an der Zwillinge-Frau, die er liebt, kann in eine einfache Frage gekleidet werden. *Wer ist sie?* Ist sie wirklich seine eigene Frau, die zu besitzen er sich so lange Zeit gewünscht hat – oder ist sie nur ein Produkt seines Wunschdenkens? Er möchte so gern mit ihr über den Wolken schweben, aber er ist sich nicht sicher, ob er auch weiß wie.

Die Stier-Krebs Beziehung

Der Krebs liebt seine Mutter, sein Heim, Geld, Kinder und Essen. Der Stier liebt sein Geld, sein Heim, seine Mutter, Essen und Kinder. Sie sehen also, wie ähnlich diese beiden sind, nur in der Reihenfolge der Prioritäten unterscheiden sie sich geringfügig.

Sollten Sie astrologische Kenntnisse haben, wird Ihnen bei Krebs und Stier sofort klarwerden, daß beide jemanden suchen, der nett zu ihnen ist. Ja, wirklich, sie sind darauf angewiesen, daß Menschen nett zu ihnen sind (auch wenn Sie dies aus dem Verhalten der beiden nicht ersehen können). Das Netteste, was der Krebs für den Stier tun kann, wäre, für ihn ein großes Abendessen zu bereiten (das sie beide mit Vergnügen essen werden) und sich mit ihm zusammenzusetzen, um zu beraten, wie man mehr Geld scheffeln könnte (auch daran haben beide Freude). Das Netteste, was der Stier für den Krebs tun kann, wäre, einen Kalender zu kaufen, in den er die Phasen des ab- und zunehmenden Mondes einzeichnet, um den Krebs seinen wechselhaften Gemütszuständen entsprechend behandeln zu können. Der Krebs ist vom Mond beherrscht, und deshalb unterliegt er ständig dessen launischem und wechselhaftem Einfluß.

Da der Stier zu viel gesunden Menschenverstand besitzt, um sich vom Mond herumkommandieren zu lassen, wird er für den Krebs Mitleid empfinden, was ihn wiederum für diesen sympathisch macht. Es ist nicht so, daß der Krebs um jeden Preis Mitleid erregen will. Doch es gefällt ihm, wenn es jemanden gibt, der seine Probleme versteht, anstatt ihn zu beschuldigen, er übertreibe die täglichen Tragödien. Und Krebse nehmen ihre Tragödien sehr schwer.

Krebse sind meistens nicht nur sehr ernst, sondern auch vorsichtig. Sie durchleben deprimierende Momente schwärzester Melancholie. Dann wiederum treiben sie mit ihrem verrückten Mond-Humor Späße, daß jedermann sich vor Lachen krümmt. Vom Mond beeinflußte Menschen sind oft ruhig und schüchtern, manchmal quatschen sie einem jedoch die Ohren voll.

Obwohl Stiere und Krebse vieles gemeinsam haben, fällt es dem Stier schwer, die Launen des Krebses zu verstehen. Für den Stier ist es reine Zeitverschwendung, eine Situation zu beweinen oder sich darüber zu beklagen. Stiere weinen und beklagen sich selten und sind auch selten launisch. Sollte jedoch einmal ein Stier in Schwermut verfallen, so spaßt er nicht, sondern ist ernsthaft niedergeschlagen. Zeigt der Stier nur einen Anflug von Laune, so können Sie sicher sein, daß diese echt und stark ist und sich über Monate, ja Jahre hinziehen kann. Auch wird sie nicht durch gelegentliches Kichern unterbrochen.

Die Launen des Krebses dagegen halten nicht länger als ein paar Stunden an, im Höchstfall einige Tage – und die Gefühle, die er dabei offenlegt, reichen vom zarten Humor bis zur beißenden Kritik, von intelligenter und lebhafter Unterhaltung zu gebrechlicher Schüchternheit. Die Krebse wechseln zwischen Lachen und Weinen, Glauben und Zynismus, zwischen Bitterkeit und Freude – und plötzlich fahren sie aus der Haut: »Wollen Sie vielleicht sagen, *ich* sei launisch? Mit *Ihnen* kann man doch nicht auskommen!« Belehren wir den Krebs lieber nicht, daß er eine Unterhaltung nicht mit einem Vorwurf beenden sollte – bevor er nicht besser aufgelegt ist.

Da der Krebs sehr feinfühlig ist, versteht er, was in anderen Leuten vorgeht. Sein Mitgefühl kann sich jedoch sehr schnell wandeln, besonders wenn er selbst einmal Mitgefühl sucht, was ziemlich oft vorkommt, und *ganz* besonders dann, wenn dies bedeutet, den anderen finanziell unterstützen zu müssen. Dann wird ihn sein Mitgefühl sehr schnell verlassen; der Krebs überlegt zweimal, bevor er sein Scheckheft zieht. Auf diesem Gebiet sind sich Stier und Krebs sehr ähnlich. Der Stier überlegt nicht nur zweimal, bevor er Geld ausgibt, nein, er hält ein, zögert, überlegt dann noch einmal, nur um ganz sicherzugehen. Beide Sonnenzeichen sind jedoch ausgesprochen großzügig gegenüber älteren Leuten und Kindern, nur gegenüber den dazwischenliegenden Jahrgängen sind sie unnachgiebig. Wenn es aber gilt, einem hungrigen Kind eine Mahlzeit zu kaufen oder einem treuen Freund oder Verwandten bei den Hypothekenzahlungen für dessen Haus zu helfen, werden Stier und Krebs ihre harte Haltung in Geldfragen aufgeben – und das gleiche gilt, wenn sie sich verlieben. Eine Romanze läßt ihre Herzen höher schlagen und öffnet wie durch Zauberkraft ihre Brieftaschen.

Der Grund, warum diese beiden ihre Hand so fest um ihren Geldbeutel legen, ist nicht Geiz. Nein, sie denken nur an die Zukunft. Es wird immer wieder magere Jahre geben, für die man vorsorgen kann.

Doch, aus astrologischer Sicht ist es richtig. Es wird immer weniger gute Zeiten geben, für die man sparen sollte. Sie kommen bestimmt, wenn man damit rechnet. Ich habe noch keinen Stier oder Krebs gesehen, der für diese weniger guten Zeiten gespart hat und bei dem sie nicht tatsächlich eingetroffen sind, pünktlich nach Plan. Eine alte metaphysische Wahrheit heißt: »Sei vorsichtig mit deinen Wünschen (oder Vorstellungen), sie werden sich erfüllen.« Wenn man sich darauf konzentriert, für schlechtere Zeiten zu sparen, so werden diese schlechteren Zeiten früher oder später auch tatsächlich eintreffen. Wäre es nicht besser, man stellt sich Liebe, Glück und Sicherheit vor? Diese Art »Wünsche« und Vorstellungen werden sich nach den gleichen Gesetzen verwirklichen lassen.

Echter Humor entstammt dem Tragischen, und darum sind die sonst so ernsten Stiere und Krebse oft ausgelassen, besonders wenn sie sich in Geschäftsangelegenheiten, Liebe, Freundschaft zu einer Partnerschaft zusammenfinden – oder innerhalb einer Familie. Bisweilen kann der Stier recht plötzlich auf Sturheit schalten, aber der Krebs wird sich gewöhnlich geduldig um den schmollenden Stier kümmern. Krebse haben mit sich selbst genug Erfahrungen in dieser Richtung sammeln müssen.

Diese beiden Sonnenzeichen essen für ihr Leben gern, und

beide kochen auch gern, daher werden sie Schwierigkeiten haben, ihre Pfunde unter Kontrolle zu halten. Sollten Sie ein Stier-Krebs-Paar kennen, schenken Sie ihm zu Weihnachten am besten ein Buch über gesunde Ernährung oder einen Geschenkgutschein, mit dem es mindestens ein Jahr in einem Reformhaus einkaufen kann. Was das Trinken angeht, so ist der Krebs einem Glas Wein oder einem Gläschen Schnaps weniger abgeneigt als der Stier. Auch verträgt der Krebs ein Schlückchen mehr (er ist ein Wasserzeichen). Wenn der Krebs zu oft versucht, den Stier zu einem Umtrunk zu verführen, wird es Ärger geben. Der Stier haßt Übertreibungen und läßt es selten dazu kommen. Wenn er aber einmal über die Stränge schlägt, so geschieht das so, wie er alles angeht, in großem Maßstab nämlich. Der Stier paßt besser in eine Milchbar.

Stier und Krebs kommen gewöhnlich gut miteinander aus. Wenn es Reibereien gibt, werden diese still und ohne großen Eklat über die Bühne gehen. Verletzt man ihre Gefühle oder verärgert man sie, so werden sie sich beide gewöhnlich zum Grübeln zurückziehen. Die Mißverständnisse werden dadurch nicht erträglicher, aber es geht dann wenigstens ruhiger zu. Natürlich wird bei einem Mißverständnis nicht totale Stille herrschen. Gelegentlich wird man schwache Laute hören, wenn der Stier in seiner Ecke hockt und vor sich hin brummelt – während sich der Krebs in die Besenkammer verzieht, ein Dutzend Taschentücher mit seinen Tränen aufweicht und von Zeit zu Zeit unterdrückte Seufzer ausstößt. Doch ist das leise Geräusch des ärgerlichen Brummelns (Stier) und des traurigen Schluchzens (Krebs) friedlicher als das Poltern, das man von den anderen Sonnenzeichen erwarten kann.

Das Zusammentreffen eines Stiers mit einem Krebs ist oft schicksalhaft und geschieht wie durch Zwang, weil es sich um eine 3:11-Sonnenzeichen-Verbindung handelt. Sie haben ein mehr als flüchtiges Interesse füreinander; die günstigen sowie die ärgerlichen Momente dieser Verbindung haben langandauernde Auswirkungen auf das Leben der beiden, wenn sie länger als nur ein paar Monate zusammenbleiben.

Stier und Krebs bilden ein ausgezeichnetes Team für jede Art von Geschäften, wie zum Beispiel Industrieunternehmen, Maklerbüros, Banken, Gärtnereien, Kindergärten, Farmen oder Immobiliengesellschaften, aber auch für politische Unternehmungen. Der Stier baut sorgfältig das Fundament, organisiert gefühlvoll, und der Krebs wird das Geschäft mit sorgfältiger Tüchtigkeit führen und dafür sorgen, daß ihre gemeinsamen Anstrengungen den größtmöglichen Bekanntheitsgrad erhalten (Krebse sind nicht unbedingt extrovertiert, jedoch haben sie ein erstaunliches Geschick, den nötigen Raum in einer Zeitung und ihr Bild auf die erste Seite einer Zeitung oder auf die Mattscheibe zu bekommen.). Die Aussichten, daß eine Stier-Krebs-Partnerschaft geschäftlich gedeiht und auf der Habenseite abschließt, sind äußerst günstig. Falls rote Zahlen im Geschäftsbuch vorkommen, so stammen diese sicher von dem Blut (vermischt mit Schweiß und Tränen), das diese beiden in jedes Projekt stecken, dem sie sich voll und ganz widmen, um es zum Erfolg zu führen. Hat der Stier ein Wasser- oder Erdzeichen (außer Steinbock) als Mond- oder Aszendentenzeichen und der Krebs ebenso (außer Skorpion) – manchmal würden nicht einmal die in Klammern stehenden Zeichen ihre Fähigkeit, gemeinsam große Taten zu vollbringen, beeinträchtigen –, könnten diese beiden wahre Höchstleistungen vollbringen und dabei wahrscheinlich herausfinden, daß ihre persönliche Beziehung harmonisch und verhältnismäßig frei von Spannungen verläuft. Ohne die Hilfe ihres Geburtshoroskops kann es jedoch von Zeit zu Zeit zu geringen Verstimmungen kommen. Kompromisse werden diese beiden jedoch leichter schließen als die meisten anderen Sonnenzeichen-Kombinationen. Beide besitzen ein gewisses Quantum an Ruhe, die ihnen aus dem innigsten Wunsch nach Frieden und Stille vollendete Harmonie bringen kann.

Da der Stier ein Erdzeichen und der Krebs ein Wasserzeichen ist, ist es wahrscheinlicher, daß der Krebs allmählich die festen Gewohnheiten des Stiers annimmt als umgekehrt, obwohl der Stier im Schicksalsrad hinter dem Krebs steht. Warum? Wasser ist beweglich und gibt nach. Dies ist die Weisheit des Wassers. Es nimmt die Form des Behälters an, in den es gegossen wird. Ist dieser Behälter ein Stier, so ist die Form gewöhnlich symmetrisch und gefällig.

Stier-Frau – Krebs-Mann

Der Krebs-Mann wünscht insgeheim, von seiner Frau liebevoll umsorgt zu werden. Der Stier-Frau macht es Freude, ihren Mann zu verwöhnen. Wie lautet das Ergebnis, wenn wir diese beiden astrologischen Tatsachen addieren? Liebe auf den ersten Blick? Nein, nicht ganz.

Ein Krebs stürzt sich nie Hals über Kopf in irgend etwas, und schon gar nicht in eine Romanze. Nicht nur, daß es gegen die Art des Krebses ist, sondern es ist ihm unmöglich, geradeaus auf etwas zuzugehen.

Auch das Stier-Mädchen ist nicht der Typ, der sich, ein Lied von ewiger Liebe auf den Lippen, kopfüber in ein Meer von Leidenschaft stürzt. Diese Frau will umworben werden, und ich meine wirklich umworben. Sie erwartet Unmengen von Liebesbeteuerungen, bevor sie sich bindet. Sie sehen also, daß es zwischen einem Erdzeichen wie dem Stier und einem Wasserzeichen wie dem Krebs eigentlich keine Liebe auf den ersten Blick geben kann. Sie brauchen Zeit, gewöhnlich Monate oder Jahre, ganz selten nur Tage und Wochen. Wenn sich die Stier-Frau jedoch einmal bindet, weiß sie genau, wie sie ihren Mann zufriedenstellen kann. Wenn sich der Krebs-Mann einmal zum Angriff entschlossen hat, übertrifft er alle anderen Liebhaber, vor allem an Hartnäckigkeit.

Eine Beziehung zwischen Krebs und Stier scheint vollkommen zu sein und ist ohne Zweifel besser als eine durchschnittliche Liebesbeziehung. Dies soll jedoch nicht heißen, daß sie ohne Schwierigkeiten abläuft. Da ist zum Beispiel der Mutterkomplex des Krebses. Vielleicht ist er einer der glücklichen Krebse, die bereits ins Mannesalter hineingewachsen sind und ihre Mutter als eine ganz normale Person ansehen – sicher, eine wunderbare Person, aber doch nur *ein* Mensch, der in seinem Leben eine Rolle gespielt hat. Wenn es so ist, kann die Stier-Frau sich glücklich preisen, da seine starke Liebe und der Respekt vor der Mutter einen Maßstab für seine Verehrung aller anderen Frauen darstellen.

Es kann sich jedoch auch um einen Krebs handeln, der es nie ganz geschafft hat, sich von der Mutter zu lösen. Dieser Typ des

Krebs-Mannes (vergessen Sie nicht, das Krebs-Zeichen symbolisiert Mutterschaft) hegt die heftige, aber unbewußte Befürchtung, entwöhnt zu werden. Er löst dieses Problem, indem er seine Mutter kalt zurückstößt oder indem er vollkommen von ihr abhängig wird. Keine dieser beiden Einstellungen wird zu einer gesunden Gefühlswelt führen, und seine Frau wird sicher gelegentlich Rückwirkungen spüren. Hat er anstatt Ablehnung die Abhängigkeit gewählt, so wird dies zu Problemen führen, die die Geduld einer durchschnittlichen Frau sehr strapazieren können. Glücklicherweise ist die Stier-Frau keine gewöhnliche Frau, Geduld ist eine ihrer starken Seiten. (Und stark ist sie auch in ihren Temperamentsausbrüchen. Wenn sie zu weit getrieben wird und dann fest mit dem Fuß aufstampft, verfehlt diese Reaktion selten ihre Wirkung und weist den Krebs in seine Schranken. Sie weiß ihm sehr wohl klarzumachen, wann das Faß überläuft.)

Auch dem Stier kann einmal der Geduldsfaden reißen. Natürlich klammern sich nicht alle Krebse fest an Mutters Rockzipfel, doch wird es sehr schwierig für die Stier-Frau sein, dem Ebenbild perfekter Weiblichkeit zu entsprechen. Sie hat aber auch einige Eigenschaften, die seine Mama nicht überbieten kann.

Die körperliche Beziehung dieser beiden ist ideal – oder so ideal, wie sie es wünschen und wie sie sie werden lassen. Die Voraussetzungen zur Harmonie sind vorhanden. Beim Sex ist sie sehr liebevoll, zärtlich und unkompliziert. Auch er ist sehr liebevoll, zärtlich, aber vielleicht ein wenig komplizierter. Die fühlbare Befriedigung der Sinne und die irdische Verwirklichung der Leidenschaft sind für die Stier-Frau von Wichtigkeit, wogegen er die gefühlsmäßige Erlösung in der sexuellen Vereinigung für wichtig hält. Im Ausdruck der sexuellen Liebe des Stiers liegt etwas Beschützendes, das eingeht auf die unausgesprochenen Wünsche des Krebses, in Wolken von Zärtlichkeit gehüllt zu werden und jemanden zu finden, der seine Tränen und Ängste, allein und unerwünscht zu sein, vergessen läßt. Drückt die Stier-Frau ihre Zuneigung in der Liebe aus, so ist da kein Platz für Spiel, Phantasie und falsche Bescheidenheit – nur das gute Gefühl des Gebens. Trotz der phantasievolleren Einstellung des Krebs-Mannes zur Liebe ist dies genau die sexuelle Sicherheit, die er im verborgenen in seinem Herzen sucht.

Zwei liebende Menschen können nicht vermeiden, daß sie sich gelegentlich gegenseitig verletzen, doch kann ein Krach zwischen Stier und Krebs länger andauern als zwischen anderen Sonnenzeichen. Anstatt das Problem zu besprechen – wie Zwillinge oder Waage – oder sich Luft zu machen durch Zornesausbrüche wie Wassermann und Fische –, lassen diese beiden das Problem erst einmal auf sich beruhen, was bedeutend gefährlicher für ihre Beziehung ist als das ursprüngliche Mißverständnis. Ist der Stier verärgert, schmollt er und schaltet auf stur. Ist der Krebs verärgert, zieht er sich zurück, um zu weinen und um sich selbst zu bedauern; dabei fürchtet er sich, den kleinsten Schritt zu tun, und sei es auch in Richtung Vergessen und Vergebung, damit nicht noch mehr Unheil geschieht. Die sture Stier-Frau, die sich nicht entschuldigt, auch wenn es ihr leid tut, und die sich gern etwas ziert, bevor sie ein schüchternes Friedensangebot von ihrem Partner akzeptiert. Auf der anderen Seite der zerknirschte Krebs, der vorsichtig aus seinem Panzer lugt, vor Liebeskummer vergeht und ab und zu mit seinen Scheren schnappt, um seine Besorgnis, ungeliebt und unerwünscht zu sein, zu verdecken. Das ist bestimmt keine Atmosphäre, die eine Versöhnung fördert.

Sie sollte ihre wundervolle, von Venus beeinflußte Geduld gebrauchen. Wartet sie auf die nächste Mondwende (der Mond beherrscht Krebs), so braucht sie nur noch zu lächeln und zu flüstern »Ich liebe dich«, und er wird ihr direkt in die Arme fallen.

Er sollte sein vom Mond beeinflußtes Krebs-Wahrnehmungsvermögen verwenden, um zu verstehen, wieviel empfänglicher diese Frau für Zärtlichkeiten als für schöne Worte ist. Deshalb sollte er sie so fest in die Arme nehmen, so fest wie nur ein Krebs zupacken kann, und sie küssen. Dann wird sie sich an ihn schmiegen.

Stier-Mann – Krebs-Frau

Wenn ein durch nichts zu erschütternder Stier sich in eine liebenswürdige und manchmal etwas verrückte Krebs-Frau verliebt, so läßt ihn dies bestimmt nicht ungerührt. Aber es ist zu spät. Sie hat schon den Ort, den vor ihr noch niemand erreicht hat, durchdrungen: sein Herz. Da das Herz des Stiers ebenso stark ist wie sein Wille und sein Rücken, wird es wahrscheinlich nicht brechen. Aber der Stier wird niemals mehr der gleiche sein, wenn ihn diese Frau einmal verführt hat. Manchmal wird eine Krebs-Frau behaupten, sie sei gar nicht typisch für ihr Sonnenzeichen: – »ich koche nicht gern, ich möchte keine Kinder, und ich mag nicht zu Hause herumsitzen.« Lassen Sie sich nicht so täuschen, wie sie sich selbst täuscht. Der Grund dafür, daß sie sich über ihre Aufgabe nicht im klaren ist, ist der, daß sie den Mann, nach dem sie sich im geheimen sehnt, der sie beschützt und verehrt, noch nicht gefunden hat. Sie mag im Innersten kinderlieb sein, gern kochen oder den Haushalt führen, aber sie will nicht für irgendeinen Mann am Herd schwitzen und Windeln waschen. Bis sich ihre Träume in *ihm* verwirklichen, wird sie ihre zärtlichen Muttergefühle und ihre empfindsame Weiblichkeit unter den Wünschen nach finanzieller Sicherheit, nach einer erfolgreichen Karriere und öffentlicher Anerkennung zu verbergen versuchen.

Der Stier-Mann ist in der Liebe ein Spätzünder. Wenn die Liebe jedoch einmal keimt, wird sie wunderbar und gewöhnlich dauerhaft blühen. Dauerhaftigkeit braucht diese vom Mond regierte Frau. Wie die Krebs-Frau wird auch der Stier niemals sein ganzes Ich geben, bis er die richtige Frau findet. Er braucht viel Zeit, um sich zu entscheiden, aber seine Kapitulation, wenn es dazu kommt, ist plötzlich und seine Treue ewiglich, wenn sie nicht über die Grenzen seiner Geduld hinaus durch das unverbesserliche Verhalten seiner Partnerin strapaziert wird.

Die meisten Stier-Männer finden in der Liebe nicht die *totale* sexuelle und gefühlsmäßige Erfüllung, ehe sie nicht aus dem Teenageralter herausgewachsen sind und lange nachdem ihre Freunde »Eroberungen«, Liebesabenteuer und vielleicht auch schon einige Ehen abgehakt haben. Die Krebs-Frau kann sich mit dem Gedanken trösten, daß er zwar lange braucht, bis er eine Bindung eingeht, dann aber nicht will, daß sie schnell wieder in die Brüche geht. Dieser Charakterzug wird ihr sicher gut gefallen. Auch sie braucht Zeit, um etwas in den Griff zu bekommen – und noch länger, um sich davon wieder zu trennen.

Der Stier ist besitzergreifend (das ist nicht dasselbe wie eifersüchtig), und seine Einstellung zur Liebe ist solide, vernünftig und praktisch, selten gefühlsbetont, launenhaft und übertrieben enthusiastisch – aber gemütlich! Obwohl sich Stier und Krebs in vielen Punkten sehr ähnlich sind, weichen sie in diesem Punkt etwas voneinander ab. Unbegründete Eifersucht vermag eine vom Mond beherrschte Frau zu quälenden Stimmungen tiefster Depressionen führen – oder, schlimmer noch, zu Mißtrauen, Bitterkeit und übertriebener Anhänglichkeit, was den Stier zur Raserei bringen kann (er haßt Mißtrauen). Ihre rege Phantasie läßt sie oft Ängste entwickeln, die, obwohl sie meist nur auf Hirngespinsten und nicht auf Tatsachen basieren, eine Flut von Tränen und hysterischen Ausbrüchen auslösen können. Es ist jedoch nicht so hoffnungslos, wie es den Anschein hat. Tatsächlich haben nicht viele Sonnenzeichen-Verbindungen so große Aussicht auf Erfolg wie Stier und Krebs, wenn sie einmal wissen, wer sie sind und was sie wollen. Der Stier weiß es ziemlich genau. Von der harmonischen Venus beherrscht, neigt er mehr als die Krebs-Frau dazu, die Unterschiede zwischen ihnen auszugleichen. Die Krebs-Frau ist vom Mond beherrscht, der das Licht der Sonne zurückwirft; so reflektiert sie auch die Stimmungen, die sie umgeben. Für eine vom Mond beherrschte Frau ist es nicht leicht, herauszufinden, wer sie ist und was sie will, obwohl sie für die Gefühle und Absichten anderer ein geradezu unheimliches Gespür besitzt. Viele Menschen vertrauen ihr ihre Geheimnisse an und werden dafür mit zärtlicher Sympathie und weisem Rat belohnt. Doch ist es schier unmöglich, ihre eigenen Geheimnisse zu erfahren.

Der Stier kommt sich möglicherweise komisch vor, wenn sie ihm zwar immer wieder ihre Liebe beteuert, aber außerdem noch eine Vielzahl anderer Interessen verfolgt. Vielleicht wird sie sich mit der Zeit seines Dilemmas bewußt. Er ist verletzt, weil er nicht die ganze Aufmerksamkeit bekommt, die er ebenso braucht wie die Umarmungen und Liebkosungen, nach denen er sich sehnt, um zu fühlen, daß er geliebt wird. Da er jedoch nicht ihre Mond-Empfindsamkeit besitzt, versteht er nicht, wie wichtig für sie diese vielen Aktivitäten – wie auch ihre Traumwelt – sind, denn sie spiegeln alle Erfahrungen in ihrem Leben wider.

Es sollte nun klar ersichtlich sein, wer den ersten Schritt zur Versöhnung tun muß, nämlich der, der als erster versteht, wie es sich mit dem anderen verhält. Das ist natürlich *sie*.

Wenn die Planeten in den beiden Horoskopen nicht unter einem ungünstigen Aspekt stehen, ist ihr sexuelles Verständnis gewöhnlich ausgezeichnet. Ab und zu möchte sie vielleicht, daß seine Annäherungsversuche weniger plump ausfallen und er mit seinem verbalen Ausdruck von Leidenschaft etwas wählerischer ist. Aber meist ist der Gefühlssinn des Stiers so ausgeprägt und sensibel, wie man es sich nur wünschen kann. Seine Männlichkeit kann diese unsichere Krebs-Frau aus ihrer Schale lokken mit dem Versprechen einer Erfüllung, wie sie die meisten Frauen nur aus Liebesromanen kennen. Der Stier wird der vom Mond beherrschten Frau das Gefühl geben, heiß geliebt und umworben zu sein – ja sogar sexuell dominiert (was sie im verborgenen wirklich wünscht).

Der Stier-Mann erweist der Krebs-Frau genug Zuneigung, um ihre seit früher Kindheit angestauten Ängste zu lindern, daß niemand sie wirklich liebt und braucht, da die meisten Menschen angeblich doch alles besser machen als sie selbst. *Er* liebt sie, er *braucht* sie. Und er wird es ihr unmißverständlich zeigen, wenn sie dazu bereit ist.

Es fällt dieser Frau schwer, wahrer Liebe zu widerstehen, wenn sie mit der Aufrichtigkeit der Stier-Liebe geschenkt ist. Sie wird ihn wahrscheinlich niemals verlassen – es sei denn, er stellt sie bei einer Auseinandersetzung mit ihrer Familie vor die Entscheidung, zwischen ihm und der Familie zu wählen, oder er beleidigt ihre Mutter (ein Kardinalfehler bei einer Frau aus dem Kardinalzeichen Krebs). Dann könnte er sie eine Zeitlang verlieren. Diese Frau steht – normalerweise – treu zu ihrer Mutter, und auf dem zweiten Platz kommt oft ihr Vater. Da er so stur ist, wird es nur zur Versöhnung kommen, wenn sie alles versteht und ihm vergibt, bevor er sie um Vergebung bittet. Er wird nicht betteln.

Sie ist so anpassungsfähig – oder ist sie nur launisch? Er ist so geduldig - oder ist er nur stur? Wo liegt die Wahrheit? Die richtige Antwort hängt davon ab, wie die beiden die Situation sehen. Wenn der Stier seine Scheuklappen trägt, ist es ihm unmöglich, irgendeine Wahrheit zu erkennen, und deshalb erscheint er stur.

Durch den Einfluß des Mondes sieht sie die Wahrheit manchmal verzerrt, und deshalb scheinen ihre Gefühle unzuverlässig und schwankend. Wenn Wolken am Horizont auftauchen, können beide immer den Weg durch den Nebel zu ihrem Partner finden.

Die Stier-Löwe Beziehung

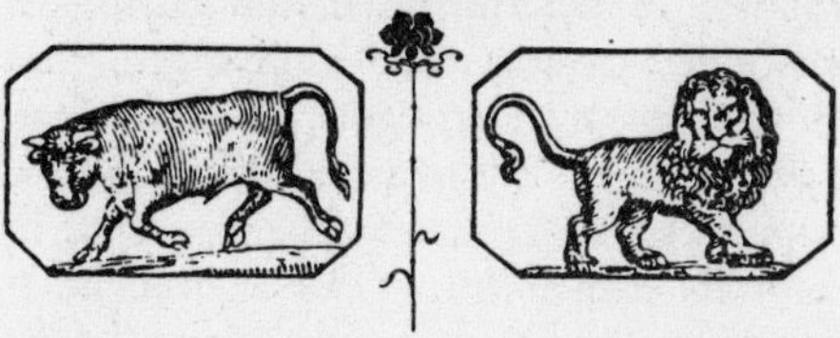

Der Stier verlangt viel Loyalität und Zuneigung, damit er sich geliebt und *anerkannt* fühlt. Der Löwe braucht Verehrung und Komplimente, um sich geliebt und bewundert zu fühlen. Nicht einmal verträgliche Menschen, die im Zeichen des gleichen Elements geboren sind (der Stier ist ein Erd-, der Löwe ein Feuerzeichen), können ihnen genügend Beweise dafür liefern, daß sie geschätzt werden. Und wenn sie ständig eine gegenseitige emotionale Absicherung verlangen, kann dies wirklich zu Frustrationen führen.

Diese beiden Sonnenzeichen stehen im Quadrat zueinander; das bedeutet, sie harmonieren nicht besonders gut, wenn nicht Sonne und Mond in den Geburtshoroskopen der jeweiligen Partner in günstigen Zeichen stehen. Wie in allen 4:10-Sonnenzeichen-Kombinationen erzeugt diese Quadratur (Stier und Löwe stehen in einem Winkel von 90 Grad zueinander) Spannungen. Die 4:10-Einflüsse schenken jedoch enorme Belohnung in Form von Frieden und Harmonie, wenn die betroffenen Partner genügend Geduld und Selbstlosigkeit demonstrieren, den karmischen Seelentest in einer Liebesbeziehung zu überwinden.

Bei Stier und Löwe treten Spannungen folgender Art auf: Der Löwe ist viel zu egoistisch, um dem starken, stillen Stier die absolute Verehrung und den Gehorsam entgegenzubringen, auf dem dieser *meistens* besteht. Der Stier ist viel zu stur, um dem eitlen, stolzen Löwen die bedingungslose Verehrung zu gewähren, die dieser *ständig* sucht. Beide sind in festen Zeichen geboren, daher besitzen sie ein Organisationstalent und sind ungewöhnlich zuverlässig im emotionalen Bereich. Aber beide haben auch ungewöhnlich feste Ansichten – und von da ist es nicht weit zur Sturheit.

Manchmal verläßt sich der feurige Löwe in einer unangenehmen Situation auf den ruhigeren, standhafteren Stier, raubt ihm aber dann den Lohn seiner Bemühungen. Dies stört den Stier jedoch weniger als andere egoistische Sonnenzeichen. Der Stier ist an persönlichem Ruhm nicht interessiert. Er kehrt dem Ruhm zwar nicht seinen breiten Rücken zu, sollte man ihn damit überschütten, aber er drängt sich auch nicht danach. Der Stier kassiert lieber Zuneigung und emotionellen Frieden.

Ein Gebiet möglicher Übereinstimmung zwischen Stier und Löwe ist der Entwurf und die Realisierung von Ideen. Der Löwe liebt es, grandiose Entwürfe und großartige Ideen zu unterstützen, und Stiere fassen den finanziellen Gewinn ins Auge, der vielleicht der Grundstein zu ihrem Stier-Imperium sein könnte, von dem sie immer träumen. Der Stier verfolgt seinen Weg geradlinig, sehr überlegt und hartnäckig. Hindernisse stören oder verärgern den Stier weniger als den Löwen, weil der Stier Schwierigkeiten und Verzögerungen als Teil des Preises betrachtet, den er für einen eventuellen Erfolg zu entrichten hat. Eines der Lieblingsmottos des Stiers lautet: »Wenn man etwas anpackt, so soll man es gut machen – und es ist auch wert, darauf zu warten.«

Der freiheitsliebende Löwe kann Einschränkungen weder akzeptieren noch ertragen. Er ist ein positiv eingestellter und entschlossener Charakter. Es würde ihm nie in den Sinn kommen, daß er den großen Gewinn nicht mit einem einzigen großartigen Wurf erreichen kann, ob der Löwe das Glück nun in Geschäft, Freundschaft, Romanze, Ehe oder im Spiel sucht.

Der Grund dafür, daß der Löwe nie von seinen Verlusten spricht, liegt darin, daß er selbst überzeugt ist, nie verloren zu haben. Es ist alles Täuschung. Der Stier hat, gelinde gesagt, nicht viel Geschick, sein Glück beim Schopf zu packen, und deshalb wird er weder sein Geld noch sein Herz aufs Spiel setzen. Und sollte er verlieren, so wird die Erinnerung daran lange Zeit anhalten, lange genug, um aus dieser Erfahrung zu lernen. Geht eine Sache ungünstig aus, so werden Stier und Löwe gleichermaßen ihrer Verachtung für ein Mißgeschick Ausdruck geben. Keiner von ihnen macht großes Aufhebens davon, obwohl sie vielleicht beide heimlich ein paar Tränen der Reue vergießen. Löwe und Stier teilen die Abneigung, ihren Schmerz öffentlich zu zeigen und ein Versagen zuzugeben.

Der sicherste Weg zur Vermehrung seines Geldes ist für den Stier auf lange Sicht, den Geldschein einmal zu falten und ihn wieder in den Geldbeutel zu stecken. In seiner Jugend glaubt der Stier, daß die Sicherheit eines Bankguthabens zusammen mit der tiefen Liebe seines Partners die wichtigste und vitalste Bedeutung in seinem Leben hat. Wenn er erwachsen ist, ist er dann felsenfest davon überzeugt.

Das einzige, wovon der Löwe wirklich überzeugt ist, ist seine Fähigkeit, alles zu verwirklichen. So ist es nicht überraschend, daß die Löwe-Warmherzigkeit und sein edler Geist in Verbindung mit seinem Selbstvertrauen auf andere anziehend wirken, auch auf die Glücksfee, die ihn oft großzügig mit Liebe und Reichtum überschüttet.

Der Löwe ist ein Mensch mit großem Herzen und enormer Kraft, der sich oft wie ein vernachlässigtes Kind fühlt, wenn andere nicht dieses Bild von ihm zeichnen und ihm wegen seiner guten Eigenschaften keine Komplimente machen. (Die Komplimente müssen jedoch von Herzen kommen – der Löwe erkennt unehrliche Schmeicheleien so scharfsinnig wie jeder Monarch, der um einer Gunst willen besänftigt wird; Ausnahmen gibt es bei einer ungünstigen Konstellation im Geburtshoroskop.)

Obwohl der Löwe gern die Führungsrolle übernimmt und manchmal ungewollt die Geduld des Stiers strapaziert, macht es diesem stolzen Menschen auch Freude, diejenigen, die ihn lieben, zu beschützen und sie mit Geschenken und Zuneigung zu überschütten. Ein Stier ist von dem Schutz, von der ehrlichen Zuneigung und der Besorgnis um sein Wohlergehen tief berührt. Obwohl er es vielleicht störrisch verneint, schätzt niemand Freundlichkeit und Zuneigung mehr als ein Stier. Sein treues, zuverlässiges Herz sehnt sich schmerzlich danach. Das ist eine andere sympathische Eigenschaft, die diese beiden teilen. Ihre Herzen sind in gleicher Weise treu. Die warme Freundlichkeit und das Interesse, das der Löwe ausstrahlt, vermitteln dem Stier das Gefühl von Behaglichkeit und Sicherheit. So ziehen sich beide aus dem gleichen Grund an.

Nur wenn der Löwe beginnt, seine königlichen Befehle zu verteilen, so daß der Stier sich dadurch herumgestoßen fühlt, fängt der Ärger an. Nach einer gewissen Zeit versengt vielleicht das Feuer des Löwen die Beharrlichkeit des Stiers, bis der Stier den Löwen unter einem Haufen irdener Sturheit und negativer Reaktionen begräbt. Doch der Löwe wird von der Sonne beherrscht, die Wärme und Licht und die mächtige, lebenspendende Kraft des Universums symbolisiert. Der Stier ist von Venus beherrscht, die Frieden, Liebe und die musikalische Harmonie des Universums darstellt. Diese beiden Himmelskörper halten die Welt in Schwung. Alle anderen Planeten unterstützen sie nur dabei. Die Sonne ist Leben, Venus die Liebe.

Stier-Frau – Löwe-Mann

Es handelt sich hier um ein schwieriges und spannungsreiches 4:10-Sonnenzeichen-Verhältnis, das zwar eine Herausforderung darstellt, aber auch größere Belohnungen verspricht, wenn sie mutig angenommen wird und die Schwierigkeiten überwunden werden. Ereignisse, die normalerweise zwischen zwei anderen Menschen keine unangenehmen Folgen haben, können sich bei Löwe und Stier zu vulkanartigen Ausbrüchen ausweiten, wenn die Partner-Horoskope keinen ungewöhnlich günstigen Sonne-Mond-Aspekt aufweisen.

Der Löwe hat den Drang, alles in großem Stil zu tun, er kann sich nicht mit Halbheiten abgeben, und dieser Zwang steht in seltsamem Widerspruch zu seinem Verhalten (wenn er äußerlich einer der stillen, weniger feurigen Löwen ist). Handelt es sich um ein Haus, so muß es groß und luxuriös sein. Ist es eine Frau, so muß sie schön und intelligent sein. Weint ein Löwe, so vergießt er wahre Ströme von Tränen. Lacht er, dann lang und laut. Und ist er im Innersten verletzt, so brüllt er dramatisch oder errötet wütend in gedemütigter Frustration.

Eine Stier-Frau hat den instinktiven Wunsch, sich ihrem Mann zu unterwerfen und an seiner Seite durch dick und dünn zu gehen. Doch beherrscht zu sein, klingt für sie sehr verdächtig nach getrieben werden, und kein Stier läßt sich gern antreiben. Obwohl Stier-Frauen zu tiefer, dauerhafter Hingebung und Liebe fähig sind, verteilen sie keineswegs leichtsinnig Komplimente, haben keinen Sinn für Schmeicheleien und halten Anbetung für eine Domäne von Schwächlingen. Da alle Löwen Komplimente, Schmeicheleien und Anbetung fordern, sehen wir jetzt, woran es in dieser Beziehung oft fehlt.

Löwen sind äußerst stolze, feurige Menschen, die gern den Takt angeben und niemals die zweite Geige spielen wollen. Die Sonne ist sein Geburtsherrscher, daher ist der Löwe auch so nobel und großzügig, trotz seiner gelegentlichen Arroganz und seiner herablassenden Überheblichkeit.

Obwohl dieser Mann sehr gebieterisch auftritt und daher vielleicht manchmal eine Nuance zu tyrannisch ist, ist er ein zärtlicher, großmütiger Liebhaber - nach einem Streit. Für seinen edlen Geist ist die körperliche Versöhnung nur natürlich. Verbale Entschuldigungen sind nichts für ihn; sie zerstören seine Eitelkeit. Doch zeigt er seine tiefe Reue in einer Vielfalt romantischer Liebesbezeugungen.

Die körperliche Vereinigung ist oft das einzige Mittel, sich nach einem Streit mit einem Stier-Mädchen wieder zu versöhnen. Langwierige Gespräche langweilen sie, weil sie nur durch ihre Sinne fühlt. Der Stier verlangt Taten, keine Worte. Die leidenschaftlichen Liebesbezeugungen des Löwe-Mannes wird sie erwidern, und alles ist wieder in bester Ordnung. Die beiden versöhnen sich, ohne daß der stolze Löwe seine Würde verlieren muß. Das Liebesspiel ist nie unter seiner Würde, wie heftig er mit seiner Geliebten auch gestritten haben mag. Er braucht eine Frau, die die tiefe Zuneigung und Leidenschaft, die er zu geben imstande ist, sowohl annehmen kann als sich auch davon fesseln läßt – und diese Frau kann es. Ihre Erotik läßt ihn auch ganz bestimmt nicht kalt. Er wird sich »wie ein König fühlen«, ein Ausdruck, den viele Löwen benutzen, um ihre sexuelle Erfüllung mit der richtigen Frau zu beschreiben.

Ihre Eigenschaft, mit Worten sparsam umzugehen, ist für den Löwen jedoch außerhalb des Schlafzimmers nicht ganz so wohltuend. Möglicherweise ist sie in Momenten, in denen er emotionell erregt ist und verzweifelt ein aufmerksames Publikum sucht, mehr als zurückhaltend. Es könnte sogar passieren, daß sie während einer seiner dramatischen Reden oder Vorträge plötzlich zu gähnen anfängt, und nichts kann auf grausamere Art das empfindliche Ego eines Mannes zerstören wie ein offensichtliches Zeichen der Langeweile eines aufmüpfigen Untergebenen – oder besonders der Frau, die er liebt.

Die häufigste Beschwerde, die der Löwe gegen eine Stier-Frau hervorbringt, ist ihr fehlender Enthusiasmus. *Ihre* häufigste Beschwerde über ihn läßt sich am besten in die vier bekannten Shakespeare-Worte kleiden: »Viel Lärm um nichts.«

Er mag an ihr, wie sie ein gemütliches Heim schafft, wie sie mit Geld umgeht, und er mag ihren Humor – obwohl es ihm sicher nicht gefällt, wenn sie mit ihren Witzen seine Würde ins Lächerliche zieht oder sein Selbstbewußtsein ankratzt. Sie wird sich für die festen Umarmungen des Löwen erwärmen und unablässig seine Fähigkeit bewundern, seine Träume in die Tat umzusetzen. Über seine extravaganten Neigungen oder seinen Drang, sich bewundern zu lassen, wird sie jedoch nicht gerade begeistert sein. Von Zeit zu Zeit werden immer wieder Spannungen zwischen ihnen auftreten. Schließlich sind sie beide in festen Zeichen geboren. Doch breitet der heimliche Respekt, den sie füreinander hegen, manchmal einen besänftigenden Teppich unter ihre Meinungsverschiedenheiten aus.

Diese Frau gestattet es sich selbst nicht oft, ihren Zorn sichtbar werden zu lassen. Sie ist geduldig, humorvoll und erträgt willig eine Menge Albernheiten sowie traurige Augenblicke des Lebens, ohne übertriebene Gefühlsausbrüche an den Tag zu legen. Wenn sie jedoch zornig wird, so geht man ihr am besten aus dem Weg. Eine Stier-Frau wird immer zutiefst über ihre eigene Schwäche beschämt sein, wenn sie einmal ihrer schlechten Laune freien Lauf gelassen hat, und sie ist vielleicht deshalb besonders liebevoll und zärtlich, weil sie es wieder gutmachen will. Der Löwe sollte sich jedoch nicht von ihrer einem Streit folgenden Liebenswürdigkeit hinters Licht führen lassen. Sie erinnert sich jahrelang genau, was ihre stiergleiche Rage ausgelöst hat. Der Stier ergeht sich sehr selten in blinder, zorniger Raserei – eventuell nur ein- oder zweimal in seinem ganzen Leben. Aber es ist nicht die Häufigkeit, die eine Rolle spielt, sondern die *Heftigkeit.*

Zu zahlreicheren Temperamentsausbrüchen kommt es bei der Stier-Frau nur dann, wenn sie fortgesetzt von der dominierenden Art eines Löwen, seinen Belehrungen und Zurechtweisungen, gereizt wird, oder wenn sich der Löwe – weil sie seinen Launen nicht nachgibt – von ihr abwendet und für längere Zeit grollt. Ein solches Verhalten kann jedes Erdzeichen in Frustration versetzen.

Die Stier-Frau birgt mehr in sich als Gelassenheit und Sturheit. Sie besitzt Beharrlichkeit, Mut, Wärme, unerschütterliche Ergebenheit, Ausgeglichenheit, Ruhe und sehr tiefe Gefühle. Sie ist ungeheuer zärtlich und hingebungsvoll. Ihre natürliche Art, über sich selbst lachen zu können, ist eine ihrer liebenswertesten Eigenschaften. Sie ist vernünftig, steht mit beiden Beinen fest auf dem Boden der Tatsachen und gibt niemals vor, anders zu sein, als sie ist. Sie ist ursprünglich und ungekünstelt, ehrlich und zuverlässig – es lohnt sich, sie zur Frau zu nehmen.

Und nun zum Löwe-Mann. Auch er besitzt mehr als nur Stolz, Eitelkeit und Egoismus. Er strahlt Hoffnung und Vertrauen aus. Seine Weisheit und Gutmütigkeit sind unübertroffen, wenn er spürt, daß er gebraucht wird. Der Löwe kämpft mutig gegen eine ganze Armee, um das, was er in seinem Herzen für richtig hält, zu verteidigen, wie ungleich der Kampf und wie gering die Aussichten auf einen Sieg auch sein mögen.

Wie viele Hindernisse diese beiden bis zum Ziel einer emotionalen Harmonie auch aus dem Weg räumen müssen, sie stehen sich gegenseitig bei, wenn nötig gegen alle Widerstände. Sollte das Schicksal ihnen Leid oder Unglück bringen, werden beide sicher den Treuetest bestehen.

Stier-Mann – Löwe-Frau

Der Stier hat eine verborgene (oder sichtbare) Begabung für künstlerische Formen in Malerei, Tanz, Bildhauerei und Musik. Seine größte Gabe ist jedoch, die Welt mit praktischen Augen zu betrachten. Er spart sowohl Geld als auch Gefühle für eine gute Sache, und Geld oder Gefühle für einen roten Teppich oder eine Krone auszugeben, hält er nicht für eine gute Sache.

Eine Löwe-Frau sucht einen Mann, der sie als Königin anerkennt, der ihr (zusätzlich zu seiner Wertschätzung und Verehrung) den Lebensstil sichern kann, den sie erwartet. Sie will einen Liebhaber oder Partner, der ihr den Stil bietet, an den sie sich gewöhnen möchte, umgeben von Luxus und gebildeten Freunden . . . ein Dasein im Überfluß.

Jetzt versteht man, warum die Löwe-Frau unruhig wird, wenn der Stier-Mann, den sie liebt, von ihr erwartet, daß sie sich den lieben langen Tag in einem kleinen Appartement aufhält, um ihm Brezen und Bier zu servieren, während er in Socken vor dem Fernseher sitzt und den Börsenbericht liest. Aber die Löwe-Frau täte besser daran, sich damit abzufinden, daß ihr Stier-Geliebter oder -Partner eben so ist, und wenn sie bereit ist zu warten und ihn nicht drängt, schenkt er ihr vielleicht eines Tages all jene Dinge, nach denen sie sich sehnt, vielleicht sogar ein gemütliches Eigenheim im Grünen oder ein wunderschön umgebautes altes Bauernhaus auf dem Land, mit offenem Kamin und dem süßen Geruch frisch gemähten Heus, der jeden Morgen durch das Haus zieht. Er erreicht sein Ziel - nämlich Sicherheit – vielleicht nicht über Nacht, doch wird sie nie einen anderen Mann finden, der bessere Aussichten hat (mit ihrer unbezahlbaren Hilfe), sie eines Tages mit ihrem eigenen Königreich, über das sie herrschen kann, beschenken zu können.

Hat der Stier schließlich seine Mission im Leben erfüllt, ein gemütliches Zuhause und eine große Sammlung Noten – Banknoten – angelegt, umgibt die Löwin ihn mit ihrem Gefühl der Pracht. Sie sieht zu, daß er sich bequem und behaglich fühlt, in seinen Socken auf dicken Teppichen gehen und in gedämpftem Licht stereophonen Geigenklängen lauschen kann; sie überhäuft ihn mit ständiger Aufmerksamkeit und verwöhnt ihn mit Sanftmut und Gelassenheit. Nichts könnte ihn glücklicher machen.

Wenn er aber noch dabei ist, das Fundament zu befestigen und den Grundstein zu legen, wird er keine Zeit vergeuden wollen, um mit ihr hofzuhalten. Er verübelt es ihr, wenn sie erwartet, er solle zu Parties gehen, mit ihren Freunden über Politik diskutieren, ihren königlichen Launen gerecht werden und ihren Thron abstauben. Die ganze Albernheit, mit der sie ständig ihren Stolz pflegt und ihr Selbstbewußtsein aufmöbelt, ist für ihn nur Zeitverschwendung, und Stiere mögen weder Zeit noch Geld zum Fenster hinauswerfen. Obwohl diese beiden Sonnenzeichen in Quadratur stehen und sich daher sehr leicht über verschiedene Probleme in die Haare geraten können, kann ihre Beziehung sehr glücklich sein, wenn sie so lange daran festhalten, bis sich die düsteren Wolken wieder verzogen haben. Sie halten beide den anderen für die ideale Gesellschaft.

Aber sie brauchen Geduld dazu – nun, da der Stier geduldig ist, kann wenigstens eine Hälfte des Problems gelöst werden. Sie dagegen ist in einem Feuerzeichen geboren, und das bedeutet, daß sie über keine allzugroße Geduld verfügt. Dies belastet ihr Verhältnis mit aufreibenden und heiklen Spannungen, von den kleinsten bis zu den gewaltigsten. Nur die Liebe kann diese Spannungen überwinden.

Eine Löwe-Frau gibt sich Fremden gegenüber stolz und distanziert, sogar unnahbar. Doch wenn der Mann, den sie wirklich liebt, sie fest an sich drückt, so wird sie zur feurigen Löwin, die durchdrungen ist von Zuneigung und Sex-Appeal ausstrahlt. Der Stier hat nichts dagegen, wenn sie ihm mit ihren sanften Händen durchs Haar fährt, seine Haut streichelt, seinen Rücken massiert, sein Ohr küßt oder seine Hände festhält.

Die Dickköpfigkeit des Stiers, verbunden mit dem falschen Stolz des Löwen, läßt die beiden immer ruhelos (oder resigniert) und unerfüllt sein. Irgendwo bestehen auch Kommunikationsschwierigkeiten. Sie sprechen vielleicht nicht offen miteinander über ihre Enttäuschungen, die sie bei der Liebe haben – bis ihre Liebe nur noch aus einem bequemen Zusammenleben besteht - oder mit der Scheidung zerbricht. Es kann auch vorkommen, daß einer der beiden einen Ausweg in Alkohol, Drogen oder gelegentlichen sexuellen Abenteuern sucht; dies ist jedoch zum Glück nicht die Regel. Sie sind beide im Grunde zu ehrlich, um untreu zu sein, ihres Rufes zu sehr bewußt, um in der Öffentlichkeit einen Narren aus sich zu machen – doch zu stur (er) und zu stolz (sie), um eine Lösung zu suchen, zärtlich und liebevoll – gemeinsam. Es ist jedoch nie zu spät, um mit gemeinsamen Zugeständnissen und Demut unerwartete Wunder zu vollbringen. Sie sollten beide damit beginnen, sich an die glücklichen Tage ihrer noch jungen Liebe zu erinnern. Die Erinnerung kann ihre Herzen erwärmen . . . und auf diese Weise könnten sie besser vorankommen.

Sie hält ihm manchmal vor, er sei ungehobelt und meistens eigensinnig, was er ja auch bestimmt nicht leugnen kann. Er wirft ihr vor, sie sei hochmütig, stolz und aufgeblasen, was sie wiederum nicht leugnen kann. Was kann man tun, wenn Vorwürfe, die einem entgegengeschleudert werden, berechtigt sind? Es ist ganz einfach. (Nicht leicht, aber einfach.) Sie muß verstehen, daß sein »Ungehobeltsein« nur ein Zeichen seiner irdischen, zuverlässigen Natur, seiner Verachtung für alles Frivole und Unechte – das Scheinbare – ist. Sie sollte es besser nachahmen. Dazu muß sie erkennen, daß sein Eigensinn nur seiner Charakterstärke entspringt, und sie sollte aufhören, ihn zu reizen, indem sie sich immer wie eine verwöhnte Königin gibt, die beleidigt ist, wenn nicht alles nach ihrem Kopf geht. Sie kann seinen Eigensinn umgehen, indem sie versucht, ihm durch Küsse, Umarmungen und Zärtlichkeit seine Zufriedenheit wiederzugeben.

Er muß erkennen, daß ihr Hochmut nichts als ein angeborener Schutzwall gegen eine Zurschaustellung ihrer Ängste vor (eingebildeten) Unzulänglichkeiten ist, durch die sie ihr Gesicht verlieren und sich einer schmerzhaften Lächerlichkeit preisgeben würde. Er sollte diesen Hochmut nicht immer wieder hervorrufen, indem er es ablehnt, ihre wirkliche Überlegenheit als Frau – und ihr starkes Verlangen nach ständigen Komplimenten – anzuerkennen. Er kann dies leicht umgehen, indem er öfter in der Öffentlichkeit die bewundernden Blicke auf sie lenkt und ihr zeigt – vor allen Dingen aber *sagt* –, daß er sich durchaus bewußt ist, wieviel Glück er mit dieser Super-Frau gehabt hat, in jeder Beziehung. (Jede Löwe-Frau ist eine Super-Frau, selbst mit ihren kleinen Fehlern.) Seine Löwin kann Liebe in einer großartigen Weise geben und auch annehmen, wenn sie nur richtig anerkannt . . . und geliebt wird.

Die Stier-Jungfrau Beziehung

Die Jungfrau bewundert die Willenskraft des Stiers, hat jedoch kein Verständnis für seine Sturheit bei offensichtlichen Fehlern. Der Stier hat zwar Ehrfurcht vor dem regen Verstand der Jungfrau, findet ihr Gesundheitsaposteltum, ihren Sauberkeitsfimmel und die feinen Nuancen ihrer Haarspalterei aber ganz und gar nicht sympathisch.

Jungfrauen bewahren jede Unzuverlässigkeit in ihrem Gedächtnis, ob es sich nun um einen zerrissenen Duschvorhang oder einen Charakterfehler ihres Freundes handelt. Die menschliche Natur erscheint dem Jungfrau-Menschen ewig in einem pessimistischen Licht. Der Stier erinnert sich ebenso an alles, was er in seinem Leben je gesehen hat, er *will* sich aber *nicht* daran erinnern. Eine nagende Stimme in seinem Innern sagt ihm, daß es eine Sünde sei, Zeit zu vergeuden und sich an Dinge der Vergangenheit zu erinnern, die nicht mehr zu ändern sind. Im großen und ganzen hegt der Jungfrau-Mensch mehr Befürchtungen (das schließt seine Gesundheit ebenso ein wie die Gefahr eines Unfalls) als der Stier. Die Ängste des Stiers dagegen beziehen sich nicht auf eine körperliche Bedrohung.

Stier und Jungfrau sind unter weiblichen, negativen Erdzeichen geboren. Das bedeutet, daß sie passiv und aufnahmefähig (weiblich), mißtrauisch, etwas ängstlich und vorsichtig (negativ), aber auch redlich und verläßlich sind (Erde). Innerhalb einer Familie sind es gewöhnlich diese beiden, die am besten miteinander auskommen und sich von den anderen etwas distanzieren.

Der Stier besitzt im allgemeinen mehr Geduld als die Jungfrau. Die Jungfrau erscheint vielleicht äußerlich ruhig, besonnen und geduldig, doch ist ihr Verstand unablässig in Bewegung und sammelt immer neue Frustrationen, wenn die Dinge nicht so laufen, wie sie es gern möchte. Merkur ist der wahre Herrscher des Luftzeichens Zwillinge und ist ganz und gar nicht in seiner vorübergehenden Verbindung mit dem Erdzeichen Jungfrau zu Hause. Aus diesem Grund (vielleicht aus reiner Langeweile) treibt der lustige Merkur die Jungfrau manchmal zu einem Verhalten, das ihrer eigentlichen Natur widerspricht und ihren tiefsten Wünschen entgegensteht.

Für den Stier jedoch wird es immer leichter sein, seine Vorhaben mit größeren Erfolgen zu krönen als die Jungfrau (die sich eigentlich nicht viel daraus macht), da der Stier ein festes Zeichen ist. Aus astrologischer Sicht bedeutet das, standhaft, bedacht und besonders fähig zu sein, um solide Fundamente für eine Karriere, ein Haus (ein dauerhaftes Heim) oder eine Ehe zu bauen. Die Jungfrau ist ein veränderliches Zeichen, das heißt: Sie ist wechselhaft, immer in Bewegung, in lebhaftem Umgang mit anderen, im Austausch von Meinungen mit sich oft widersprechenden Aussagen.

Der treibende Wunsch des Jungfrau-Menschen ist es, der Welt und ihren Bewohnern zu helfen, indem er sie auf ihre Fehler aufmerksam macht und gleichzeitig ein vernünftiges Maß an persönlicher Sicherheit zu erreichen. Sollte er sich durch einen Schicksalswink plötzlich im Rampenlicht des Ruhmes wiederfinden, wird er sich vielleicht für kurze Zeit in diesem Glanz sonnen, dann aber oft die Presse mit kritischen Äußerungen befremden und seinen Ärger über die ungestüme, große, gemeine Öffentlichkeit ausdrücken – und schließlich von seinem Jungfrau-Geburtsrecht der freien Entscheidung Gebrauch machen, sich in sein Privatleben zurückzuziehen, das ihm mehr bedeutet als alles andere.

Auch der Stier lebt gern in der Abgeschiedenheit. Und meistens hat er auch sehr konkrete Vorstellungen, wo er diese finden kann. Auf dem Land! Früher oder später, irgendwann zwischen dem sechsten und dem sechzigsten Lebensjahr, wird jeder Stier unwiderstehlich vom Landleben angezogen – er geht irgendwohin, wo er seiner Leidenschaft nach Erdverbundenheit frönen kann.

Haben Stier und Jungfrau einen harmonischen Sonne-Mond-Aspekt in ihren Geburtshoroskopen, zusätzlich zum Einfluß der natürlichen Harmonie ihrer 5:9-Sonnenzeichen-Kombination, so können die beiden gemeinsam glücklich aufs Land ziehen. Der Stier wird zufrieden auf seinem Anwesen sitzen, während die Jungfrau zwischen Stadt und Landhaus hin- und herpendelt, um für Nachschub zu sorgen und hie und da ein paar Dinge in Ordnung bringt. Die Jungfrau mag ein wenig nörgeln, wenn der Stier unordentlich ist, und die beiden werden sich auch gelegentlich in die Haare geraten, aber im großen und ganzen vertragen sie sich gut.

Stier-Frau – Jungfrau-Mann

Für eine Stier-Frau ist es praktisch unmöglich, einen Jungfrau-Mann zu verführen. Sie sollte sich deshalb allerdings nicht unterlegen fühlen. Es ist beinahe für *jede* Frau unmöglich, einen Jungfrau-Mann zu verführen.

Diesem Mann ist der Gedanke, etwas von seinem Selbst aufgeben zu müssen, unerträglich, denn dies würde einen Mangel an Selbstdisziplin bedeuten. Auch ist er nicht besonders darauf aus, Eroberungen zu machen. Die Stier-Frau jedoch ist ihren astrologischen Schwestern immer ein paar Schritte voraus, sollte sie sich dazu entschließen, dem Jungfrau-Mann zu zeigen, in welche Richtung sich das Lebensrad dreht. Er läuft ihr auf dem Liebespfad zwar nicht mit keuchendem Atem hinterher, versucht aber auch nicht, vor ihr davonzulaufen. Da die Geburtssonnen dieser beiden im Trigon stehen, hat ihre Beziehung von Beginn an gute Aussichten. Ihre Naturen, Ziele und Wünsche ähneln sich. Von einer doppelten Erd-Schwingung beeinflußt, eine beinahe immer harmonische 5:9-Sonnenzeichen-Kombination, sind die beiden beständige, vernünftige Menschen. Sie ist sanft und hat eine zärtliche, ruhige Stimme. Er ist zärtlich und hat eine klare Ausdrucksweise. Also werden sie sich gegenseitig selten auf die Nerven fallen.

Spielt die Stier-Frau ihre Trümpfe richtig aus (ein vielleicht unglücklicher Ausdruck, da wenige Erdzeichen gern spielen), so wird er sich in sie verliebt haben, bevor er weiß, wie ihm geschieht. Was ihn zu ihr hinzieht, ist wahrscheinlich Bequemlichkeit. Eine Frau, die so sinnlich und sanft ist in ihren Bewegungen und in ihrer Sprechweise, macht selten Fehler. Macht es vielleicht Spaß, immer kritisieren zu müssen?

Keiner dieser beiden fährt sehr oft oder sehr leicht aus der Haut. Sie haben beide einen ziemlich ruhigen, friedfertigen Charakter. Wenn die Stier-Frau jedoch ihre Geduld verliert, kommt es zu einem gewaltigen Ausbruch, der tiefe Wunden hinterlassen kann. Wenn sich der Jungfrau-Mann ärgert, so ist es gewöhnlich nur ein seichtes, oberflächliches Gefühl, das nicht lang anhält und von dem er seine Seele sicherlich nicht vergiften läßt. Sorgen sind da etwas anderes. Die typische Stier-Frau jedoch erträgt die speziellen Launen ihres Jungfrau-Geliebten mit Gleichmut, es sei denn, ihr Mond- oder Aszendentenzeichen macht sie dagegen empfindlich.

Jungfrauen äußern ihre Befürchtungen nicht ständig und überall. Sie sehen keinen Grund, dies häufiger als einmal im Jahr zu tun, und manche Jungfrauen halten ihre Ängste für länger als ein Jahrzehnt in sich verschlossen. Hier liegt auch häufig die Ursache für Gicht und Rheumatismus.

Jungfrauen sind gewöhnlich mit kleinen, nußschalengleichen Plätzen zufrieden, in denen sie ihre Persönlichkeiten und Ambitionen ausloten können. Sie begnügen sich gewöhnlich damit, hart zu arbeiten, höflich und hilfsbereit zu sein – um ihr eigenes, kleines Netz der Hoffnung zu knüpfen, ohne andere zu behelligen. Es sind diese verflixten Träume. Jedermann weiß (und ganz bestimmt die Jungfrau), daß von unterdrückten Emotionen ausgelöste, schlechte Träume und Alpträume alles – von der Gastritis über Verstopfung bis zum Geschwür – verursachen können. Und hier kommt die Stier-Frau ins Bild. Nicht, um ihn zu pflegen, sondern um ihn mit ihrer praktischen Philosophie über Alpträume zu trösten.

Stier: Wenn man einen gesunden Verstand und Körper und ein erfülltes Gefühlsleben hat, gibt es keine Alpträume. Punkt.

Jungfrau: Aber wie kann man seinen Verstand, seinen Körper und seine Emotionen gesund erhalten, wenn alles um einen herum in Scherben fällt, die Welt von rasenden Wahnsinnigen regiert ist, das Auto einen Getriebeschaden hat, der Regenschirm verlorengeht, man vergessen hat, die Versicherungsprämie zu zahlen und die Socken Löcher haben und . . .

Stier (standhaft): Menschen, die wirklich geliebt werden, haben gesunde, glückliche, erfüllte Gedanken, einen gesunden Körper und ein geordnetes Gefühlsleben. Ein heißes, angenehmes Bad und ein Teller guter, nahrhafter Suppe können jedes Problem lösen. Gib mir deine Socken, ich werde sie stopfen.

Die Stier-Frau läßt alles so einfach erscheinen, daß er aufhört, sich zu sorgen, da er offensichtlich von einer Frau geliebt wird, die vernünftig und sinnlich ist. Sie ist eine sehr aufmerksame Zuhörerin, und er kann ein faszinierender Redner sein. Der Jungfrau-Mann bringt gewöhnlich eine sehr intelligente, geschickte und interessante Konversation zustande, die sich aber nicht unbedingt durch großen Wortwitz auszeichnet.

Sexuell fallen diese beiden unter die Kategorie des stillen Typs. *Sie* ist still, weil sie es vorzieht, beim Liebesspiel nicht durch Koketterie abgelenkt zu werden, und sich lieber ganz der intimen Vereinigung mit dem Mann hingibt, den sie so sehr liebt. *Er* ist still, weil ihm zum Sex nicht viele wilde oder spontane Bemerkungen einfallen. Er ist weder gefühlskalt noch hat er etwas gegen Sex. Der Jungfrau-Mann kann wunderbare Schönheit in der körperlichen Liebe zum Ausdruck bringen, indem er Verlangen mit emotioneller Zärtlichkeit, angeregt durch die geistige Erregung, verbindet. Sex, dem es an dem qualifizierenden Aspekt eines höheren Ziels mangelt, rührt ihn nicht im geringsten. Sie hat gegen diese Einstellung sicher nichts einzuwenden – keine Frau hätte es. Sie glaubt wahrscheinlich, daß sie sich glücklich preisen kann, mit ihm die Erfahrung solch zärtlicher Zuneigung und Leidenschaft teilen zu können, und sie hat recht damit. Sie ist glücklich.

Es ist nicht so, daß er den Zauber einer Romanze nicht wahrnimmt. Manche Jungfrau-Männer gehen Dutzende Affären ein, weil sie wahre Künstler des Liebesspiels sind. Mancher Jungfrau-Mann wirkt auf Frauen mit lockerer Moral, die ein Abenteuer suchen, weil sie sich über seine Absichten im klaren sind. Da er alles so leicht nimmt, spüren sie, daß es mit ihm keine Eifersuchtsszenen geben wird. Da dieser Mann sich jedoch nie eines dieser leichtlebigen Mädchen als Partnerin fürs Leben aussuchen wird, ermüdet ihn bald die Oberflächlichkeit dieses Spiels, und dann ist er zu einer festen Bindung bereit. Sollte er in einem dieser Momente zufällig an der Tür eines Stier-Mädchens vorbeikommen, ist er äußerst empfänglich für eine ernsthafte Romanze und die anschließende Ehe.

Die Stier-Frau sollte jedoch nicht vergessen, daß die Ehe für den Jungfrau-Mann kein natürlicher Zustand ist, obwohl wahrscheinlich niemand die Ehe behaglicher gestalten kann als die Stier-Frau. Solange sie ihm das Gefühl läßt, frei zu sein, ist er Wachs in ihren Händen. Sie braucht sich nicht zu sorgen, ihm zu viel Freiheit zu geben. Wie lang die Leine auch ist, die sie ihm läßt, er benutzt sie doch nur, um den Weg im Dunkeln nach Hause zu finden. Er ist mehr ein Gewohnheitstier.

Vielleicht erkennt er nicht, warum sie sich mit soviel Luxus umgeben muß, und sie beschwert sich vielleicht über seine etwas spartanischen Anschauungen hinsichtlich persönlicher Behaglichkeit, doch keiner der beiden neigt dazu, Geld in leichtsinniger Weise aus dem Fenster zu werfen – die Finanzen geben ihnen also keinerlei Anlaß zu Streitigkeiten. Mit oder ohne harmonischen Sonne-Mond-Aspekt zwischen ihnen können diese beiden auf die reibungslose Übereinstimmung der 5:9-Kombination vertrauen, die jedes Mißverständnis mit Sympathie und jeden Streit mit Vergebung abschwächt. Einem Jungfrau-Mann zu gefallen ist nicht einfach, aber der Stier-Frau kann es gelingen, denn sie kann das skeptische Jungfrau-Herz mit ihrer besonderen Art der warmen, selbstlosen Verehrung rühren.

Stier-Mann – Jungfrau-Frau

Die Jungfrau-Frau rümpft ihre hübsche Nase, wenn sie Unordnung sieht. Die meisten halten Ordnung für eine Selbstverständlichkeit. Es mag vielleicht hie und da eine Jungfrau geben, deren Wohnung nicht ganz so aufgeräumt ist, doch ihre Gedanken sind ganz bestimmt klar und übersichtlich geordnet.

Eines der Hindernisse, das eine Jungfrau-Frau und ein Stier-Mann überwinden müssen, ist, daß der Stier doch nicht ganz so zur Ordentlichkeit neigt wie die Jungfrau. Manche Stiere sind sogar regelrecht unordentlich. Der praktische Stier mag Geld verehren, aber doch nicht in dem Maß, daß er die Banknoten wäscht und mit dem heißen Bügeleisen glättet. Für den Stier ist ein zerknitterter Geldschein immer noch Geld, so gut wie Gold. Vielleicht legt ein Stier gelegentlich etwas mehr Wert auf gute Kleidung, er wird jedoch nie einen Fetisch daraus machen. Solange er gepflegt aussieht, macht er sich keine Sorgen, ob seine Schnürsenkel auch in hübschen Schlingen gebunden sind oder die Socken um einen Zentimeter verrutscht sind.

Es gibt ein Mißverständnis über die Jungfrau-Frau, das den Stier, der es aufdeckt, vielleicht erschrecken wird. Natürlich sind nicht alle Jungfrau-Frauen Jungfrauen. Die puritanische Moral der Jungfrau ist ein astrologischer Mythos. Schließlich kann man höflich, gütig und urteilsfähig sein, ohne gleich spröde zu sein. Sie untersucht die Tatsachen, beobachtet die Handlungen, überlegt alles mit ihrem mathematisch klaren Verstand und bildet sich eine feste Meinung (die gewöhnlich unausgesprochen bleibt) über das, was für alle wohl das beste ist. Ihre moralische Einstellung ist intellektuell, und ihre Gefühle spielen dabei selten eine große Rolle (falls ihr Mond nicht in einem empfindsameren Luft- oder Feuerzeichen steht). Jungfrauen sind genauso neugierig, wie sie kritisch sind. Wie kann man einen Sprung kitten, wenn man die Vase nicht vorher untersucht hat?

Der Stier spricht nicht viel über seine ethischen und moralischen Anschauungen. Er *fühlt*, was richtig oder falsch ist, und handelt danach aus blinder Überzeugung. Wenn die unterschiedlichen Methoden der beiden, zur Wahrheit zu gelangen, zum gleichen Schluß führen, gehen sie rosigen Zeiten entgegen. Nehmen sie jedoch einen geistigen Umweg, können sich diese beiden Liebenden gegenseitig durch beklemmendes Schweigen und unbeugsame Sturheit lähmen.

Der Stier-Mann muß lernen, die besondere Art der Ehrlichkeit seines Jungfrau-Mädchens zu schätzen, und erkennen, daß ihre Neigung, Vorurteile zu vermeiden und vor einer überhasteten Beurteilung erst zu analysieren, eine erfreuliche Tugend und kein Laster ist.

Ein Jungfrau-Mädchen, das in einen starr an seinen Überzeugungen festhaltenden Stier verliebt ist, muß vielleicht versuchen, ihn zu überzeugen, daß ihre Ansichten über die öffentliche Moral nicht unbedingt ihr privates Verhalten widerspiegeln. Der Stier-Mann erwartet, daß seine Frau über jeden Tadel erhaben ist. Vielleicht ist sie es, obwohl sie sich wahrscheinlich nicht zurückhalten kann, ihn zu tadeln, wenn er Sex als eine humorvolle Angelegenheit betrachtet. Für sie ist Sex wunderbares, reines Gefühl, das Respekt verdient – und eine ganze Menge an Konzentration und Praxis erfordert, um es zu perfektionieren. Ihre kühle Art mag ihn am Anfang in seinem direkteren und sinnlicheren Liebesspiel entmutigen, wahrscheinlich finden sie aber gemeinsam einen Weg aus dieser Sackgasse. Wie in den anderen 5:9-Sonnenzeichen-Beziehungen spielt die romantische Liebe und sentimentale Zuneigung die gleiche wichtige Rolle wie die Leidenschaft in ihrer sexuellen Vereinigung. Meistens sind dieser Mann und diese Frau auf wundervolle Weise fähig, die unausgesprochenen Wünsche des anderen zu erfüllen, durch die seltene Intimität des Verstehens, die allen 5:9-Schwingungen, besonders jener des Erdelements, eigen ist.

»Praktische Lebenseinstellung« hört sich vielleicht nicht wie ein romantisches Wort an; zwischen diesen beiden kann sie jedoch ein festes Band schaffen, das ihre Liebe umschließt. Weder Jungfrau noch Stier geben sich ohne Grund leidenschaftlichen Gefühlen hin oder werden über Dinge wütend, die man nicht im Zorn lösen kann.

Jungfrau und Stier können ihr Leben mit dem berauschenden Erlebnis verbringen, die kleinen und gewöhnlichen Wunder in ihrer Umgebung zu betrachten. Es ist ein heftiges, prächtiges (und natürliches) »High«-Sein – wenn sie es nur nicht mit zu vielen Erwartungen erdrücken. Die ewige Perfektion, die sie sucht, ist eine Fata Morgana. Die ewige Sicherheit, die er sucht – ebenso. Beide suchen nach Sicherem. Doch das Sicherste, das sie vielleicht jemals finden werden, ist der Partner.

Die Stier-Waage Beziehung

Wenn man eine Verbindung zwischen Stier und Waage verstehen will (beide sind von Venus beherrscht), so sollte man zuerst ihre Elemente betrachten. Das ist der erste Schritt, um herauszufinden, wer bei einem Spiel dieser beiden sehr unterschiedlichen Persönlichkeiten auf Angriff und wer auf Verteidigung spielt.

Ziehen Sie nicht den voreiligen Schluß, daß das Erdzeichen Stier viel stärker als das Luftzeichen Waage ist oder daß beide von den wütenden Feuerzeichen Widder, Löwe oder Schütze zu Asche verbrannt werden könnten.

Luft ist zwar unsichtbar. Sie hat keine bestimmte Form, und es scheint, als könne sie nie irgendwelche Auswirkungen auf einen Stoff wie Erde haben. Falls Sie sich jedoch schon einmal unter Kokospalmen in der Südsee ausgestreckt haben und plötzlich von einem Orkan überrascht wurden, wissen Sie sicher, daß nicht alles so ist, wie es scheint. Besonders Luft. Und besonders Waage, das *kardinale* der Luftzeichen (die beiden anderen Luftzeichen sind Zwillinge und Wassermann). Die Waage stellt das astrologische Luftelement in seiner aktivsten Form dar.

Liebe Stiere, die Waage ist in keiner Weise passiv. Doch kann sie einer zäheren Persönlichkeit als leichte Beute erscheinen. Hier haben wir diese unglaublich charmante Person (außer wenn er oder sie launisch ist), dieses bildhübsche (oder gutaussehende) Geschöpf, mit leuchtenden, intelligenten Augen, mit einem Lächeln, das Herz und Geist erfreut – und einer Stimme, die an den Klang von Kirchenglocken hoch in den Schweizer Bergen erinnert.

Wer so zärtlich und lieblich wirkt, kann bestimmt keine Bedrohung darstellen. Doch das sanfte Benehmen der Waage ist nichts anderes als eine Tarnung, die den scharfen Speer des klugen, logischen Waage-Verstandes *mit minimalem Widerstand* eindringen läßt. Die Waage weiß ganz genau, daß die unreife Unbesonnenheit des Widders, die unverschämte Offenheit des Schützen, die Arroganz des Löwen und die standhafte Hartnäckigkeit des Stiers nichts als Hindernisse auf dem Weg zum Erfolg bedeuten. Sie sind von Nachteil, wenn man seinen wirklichen Lebenszweck erfüllen will – Streitigkeiten aus der Welt schaffen und seinen eigenen Weg gehen, was für die Waage in der Endanalyse das wichtigste ist. Und diese Folgerung ist für sich, zugegebenermaßen, ein klarer und unbestreitbarer Ausdruck der Waage-Logik.

In der Natur des durchschnittlichen Stier-Menschen liegt gewöhnlich eine Trägheit, die bewirkt, daß er sich instinktiv den Gebräuchen der Gemeinschaft, der Arbeitswelt, des Klassenzimmers oder des Familienkreises, den Konventionen der Gesellschaft und der staatlichen Gesetzgebung fügt. Sollten Sie den Stier einem Kreuzverhör unterziehen, so werden Sie sicher herausfinden, daß er nicht nur deshalb gehorcht, weil er glaubt, daß all diese Leute und Gesetze recht haben, sondern weil er überzeugt ist, daß man bei Nichtbeachtung von Konventionen und bei Gesetzesübertretungen nur Schwierigkeiten und Ärger bekommt. Wenn der Stier herausgefordert wird, fehlt es ihm nicht an Kraft und Mut. Wenn es zum Kräftemessen kommt, wird jeder Stier, ob alt oder jung, weiblich oder männlich, seine persönlichen Prinzipien sowie seinen geliebten Partner aufs heftigste verteidigen. Der Stier sieht jedoch keinen Grund, unnötig Schwierigkeiten zu machen oder Aufruhr zu schüren, nur um einen unbedeutenden Sieg zu erringen.

Aber die Waage tut es. Einen intellektuellen Streit zu gewinnen, wie unbedeutend, wichtig oder gewöhnlich er auch immer sein mag, ist für den Waage-Menschen eine Frage der Daseinsberechtigung, und dies ist durch die Waagschalen symbolisiert, die mit perfekter Harmonie und Gerechtigkeit ausbalanciert sind. Stehen Streitfragen irgendwelcher Art auf dem Plan, so gähnt der Stier vielleicht oder zuckt mit den Schultern und konstatiert gelassen, daß es für ihn nicht den geringsten Unterschied macht, *was* in einer Angelegenheit passiert, die zu unwichtig ist, um ihn zu interessieren – oder zu wichtig ist, als daß sie ihn etwas angeht. Doch nichts ist zu wichtig oder zu unwichtig, um nicht von der Waage vorsichtig abgewogen und beurteilt zu werden.

Bei der Unmenge von Themen, mit der sie sich befassen müssen, ist es klar, warum sich Waage-Menschen oft ausruhen müssen. Es wäre aber nicht fair, sie deshalb faul zu nennen. Wenn sie sich mit all den geistigen Aktivitäten schon vom frühen Morgen an engagieren und sich nicht entscheiden können, auf welcher Seite des Betts sie aufstehen sollen – bis sie dann am Abend wieder vor dem Problem stehen, welchen Teil des Schlafanzugs, den oberen oder den unteren, sie zuerst anziehen sollen, dann kann es schon vorkommen, daß sie sich manchmal ein wenig erschöpft und müde fühlen, vielleicht sogar gereizt reagieren.

Meist ermüdet der Stier schnell, wenn er immer wieder zuhören muß, wie die Waage alle Entscheidungen sorgfältig abwägt. Er hält es für wahnsinnig, denn er lebt nach dem Motto: Tu nur das, was du fühlst (und daher weißt), laß dich von niemandem auch nur einen Zollbreit von deinem Standpunkt abbringen – und sag *nichts* darüber. Das ist in wenigen Worten die typische Philosophie des Stiers in bezug auf Entscheidungen. Fortwährende Streitigkeiten sieht er als die wertloseste, unnützeste und daher sündhafteste Beschäftigung an, die man sich vorstellen kann. Niemand gewinnt wirklich einen Streit, außer dem, der darüber einschläft und erst erwacht, wenn alles vorbei ist. Noch nie ist jemand siegreich aus einer Debatte hervorgegangen, oder?

Falsch! Die Waage! Sie geht aus jeder Debatte siegreich hervor, außer vielleicht aus denen, die sie langweilen. Es ist kein Wunder, daß sie gewinnt, wenn man die Waffen bedenkt, mit denen Venus sie heimlich ausgestattet hat. Charme, Takt, Intelligenz, Schmeichelei, Optimismus. Eine heitere und beruhigende Art. Diese Samtstimme! Dieses gewinnende Lächeln. Und dieses herzliche Lachen. Zusätzlich besitzt sie noch die Geschicklichkeit, einen dann mit dem Speer logischer Überredungskunst zu durchbohren, wenn man es am wenigsten erwartet.

Die Streitgespräche, die die Waage beginnt, beeinflußt und schließlich gewinnt, können von Politik bis Religion reichen. Waage-Menschen benutzen die »sokratische Methode« in der Diskussion. Man muß sie sehr genau beobachten. Und sorgfältig zuhören. Ein Stier, der zu sehr damit beschäftigt ist, seinen eigenen Standpunkt zu verteidigen, und der Waage-Logik nicht genügend Aufmerksamkeit schenkt, kann über seine eigene Hartnäckigkeit stolpern.

Diese Verbindung ist von einer 6:8-Sonnenzeichen-Kombination beeinflußt, das heißt, daß der Stier für die Waage u. a. das über fesselnde Geheimnisse herrschende, achte astrologische Haus darstellt. Natürlich. Die Waage würde liebend gern das Geheimnis lösen, wie es dem Stier möglich ist, so ruhig und unbewegt trotz der wütenden persönlichen und öffentlichen Kontroversen in seiner Umgebung und so unbelästigt von geistigen Erschütterungen zu bleiben; auch wüßte die Waage liebend gerne, wie der Stier ruhig wie ein Kind schlafen kann und warum er nie unter der von vielen Entscheidungen hervorgerufenen Schlaflosigkeit leidet, die die Waage quält; die Waage liegt manchmal bis zum Morgengrauen wach, obwohl sie ihren Schönheitsschlaf und ihre Erholung ebensosehr braucht wie der Stier, ja sogar mehr, um ihr seelisches Gleichgewicht zu erhalten.

Die Waage stellt für den Stier u. a. auch das sechste astrologische Haus der Dienstleistung dar. Bringt es der Stier nicht immer wieder irgendwie fertig, die Waage davon zu überzeugen, ihm einen Dienst zu erweisen und ein paar Beziehungen für ihn spielen zu lassen? Das ist typisch für den Stier.

Stier-Frau – Waage-Mann

Sie ist eine Stier-Frau, die sich in einem ihrer seltenen, aber um so heftigeren Anfälle von Schwermut befindet.

Da kommt ein Waage-Mann. Er setzt sich ruhig neben sie, nimmt ihre Hand zärtlich in die seine und sieht sie ruhig und still an, nachdem er ihr sein großes, sauberes Taschentuch gereicht hat.

»Mach dir keine Sorgen, Liebling, morgen ist alles wieder in Ordnung.« Seine Stimme ist weich und sanft.

»Nein, morgen wird es nicht besser sein. Nein! Nein! Nein!« Dann spricht wieder die Waage, mit ruhiger Stimme.

»Du bist wunderschön, wenn du traurig bist. Tränen lassen deine Augen leuchten wie grüne Smaragde. Würde es mir nicht das Herz brechen, dich unglücklich zu wissen, möchte ich am liebsten immer Tränen in deinen Augen sehen. Wie siehst du denn aus, wenn du lachst?«

Das Leben ist hart, das Leben ist – also, das Leben wird interessanter. Aber – »Nein, ich kann nicht lachen. Ich möchte zwar, aber ich kann nicht. Ich *kann* einfach nicht.«

Jetzt lächelt er. Ein Waage-Lächeln ist eine höchst wirksame Waffe, die verboten werden sollte.

Morgen wird alles wieder gut sein. Die Sonne wird scheinen, die Blumen werden blühen, der Tau wird auf der Wiese liegen – und der weibliche Stier wird bis über beide Ohren in einen Mann verliebt sein, der nur versuchte, freundlich zu sein. Vielleicht ist er verwirrt, wenn er herausfindet, daß sie sein romantisches Gefühl für sie eigentlich als Treuegelöbnis betrachtet.

»Ja.«

Die Stimme kam von dem Waage-Mann, der vor dem Standesbeamten sein Jawort gab. Er brachte es nicht übers Herz, der Stier-Frau weh zu tun, und ihm fiel keine passende Entschuldigung ein.

Es ist möglich, daß der Waage-Mann erkennt, daß seine Entscheidung, dem Charme der Stier-Frau zu unterliegen, richtig war. Sie sind wahrscheinlich so glücklich wie zwei Turteltauben, wenn sie Hand in Hand von Zimmer zu Zimmer durch ihr rosenbewachsenes Landhaus wandern – oder, falls sie ihre

Träume etwas aufschieben müssen, durch ihr Appartement in der Stadt.

Das »Arbeitszimmer-Bücherei-Salon-Wohnzimmer«: Hier verstehen sie sich großartig. Sie liebt feste Stoffe in ruhigen Farben, eine Mischung von Schönheit und Luxus, die einen Raum behaglich und gemütlich macht. Er liebt aufeinander abgestimmte Pastelltöne, viele mit Büchern beladene Regale, Möbel, die unauffällig und bequem sind. Die Stereoanlage kostet ein kleines Vermögen, aber beide sind verrückt danach.

Die Küche: Sie kocht gern (wenn sie eine typische Stier-Frau ist), und obwohl sie vielleicht Kartoffeln, Karotten und Spinat vorzieht, macht es ihr Spaß, ihm mit exotischen Gerichten den Gaumen zu kitzeln (das wird ihn vielleicht veranlassen, dem Sportverein beizutreten, um ein- oder zweimal pro Woche etwas für die schlanke Linie zu tun). Danach geht er vielleicht für ein paar Stunden mit seinen Freunden aus.

Das Schlafzimmer: Für ihn ist sie die Frau, die er suchte. Für sie ist er der Mann, den sie suchte. Da beide von Venus beherrscht sind, sind sexuelle Probleme das letzte, worüber sie sich Sorgen machen müssen. Der körperliche Ausdruck seiner Liebe mag für sie vielleicht manchmal etwas zu vergeistigt sein. Im geheimen wünscht sie sich vielleicht, er möge etwas mehr Wert auf die körperlichen und etwas weniger Betonung auf die seelisch-geistigen Stimmungen der Erotik und Phantasie legen, die er verbal so herrlich ausdrückt. Er wünscht sich vielleicht, daß sie ein wenig mehr Gewicht auf ideenreiche und periodische Arten der Liebe und weniger Gewicht auf den bloßen Körperkontakt legt. Wahrscheinlich finden sie sich jedoch irgendwo in der Mitte zwischen Körper, Geist und Seele – und finden ihre Beziehung befriedigender als die des Durchschnittspaares, das nur *eine* romantische Dimension kennt.

Es gibt keine Ecke in ihrem Haus, die sie nicht gemeinsam mit Leben füllen werden. Vielleicht mit Ausnahme der Veranda. Dort kann sie des öfteren auf den Stufen sitzen und warten – warten – warten –, daß er endlich von seinem Sportverein oder aus der Stadt, wo er noch mit Freunden war, nach Hause kommt. (Männlichen Freunden, hofft sie.) Und vielleicht mit Ausnahme des Kellers.

Der Keller ist der Raum, in dem sie sich oft aufhält, um ihm zu helfen, seinem Ruf als großer Charmeur gerecht zu werden. Diese Art Charisma verlangt Berge von sauberen Hemden und Socken. Sie müssen auf eine bestimmte Weise zusammengelegt sein und auf eine bestimmte Weise im Schrank liegen. Es macht ihn nervös, wenn seine Socken nicht zur Hose passen oder sein neuer Pullover auf seinem weißen Hemd abfärbt.

Der Waage-Mann verhält sich oft so, als versuche er, dem Leben alles Wissen und jedes Vergnügen abzuverlangen – indem er Bestseller liest, mit Intellektuellen diskutiert, sich keinen Film, kein Schauspiel und kein Konzert entgehen läßt – und bei Parties die Aufmerksamkeit hübscher Mädchen auf sich zieht . . .

Die Stier-Frau bevorzugt es, zu Hause zu bleiben, sich behaglich vor dem Kaminfeuer auszustrecken, vielleicht geht sie einmal in der Woche unter Leute. Dauernd unterwegs zu sein ist für sie kein Lebensstil. Sie braucht andere Interessen, die meisten davon liegen in der Zweisamkeit.

Nicht jeder Waage-Mann ist ein Playboy-Typ. Aber viele unter ihnen sind es eben doch. Aber Playboy hin und her, er will auf keinen Fall geistig abstumpfen, und eines der Mittel, dies zu verhindern, ist die Geselligkeit. Wenn sie weiterhin mit ihm ein gemütliches Leben in den eigenen vier Wänden führen will, muß sie akzeptieren, daß er zwischendurch seine eigenen Wege geht. Vielleicht möchte er sich mit Geschichte oder Kunst befassen oder ein paar Abendkurse zur Weiterbildung besuchen, statt in verrauchten Bars und Kneipen herumlungern. Aber womit er sich auch beschäftigt, sie sollte sich ihr hübschestes Kleid anziehen und mit ihm gehen – ohne Schmollen.

Vielleicht macht es ihr nicht so viel Spaß wie ihm; sie sollte aber so tun als ob, wenn sie ihn eines Tages mit ihrer bewundernswerten Geduld dazu verführen will, auf den umgebauten Bauernhof zu ziehen. Sie sollte versuchen, mit ihrem großartigen Sinn für Humor darüber zu lachen.

Stier-Mann – Waage-Frau

Eine Waage-Frau ist unberechenbar. Man weiß nie, wie sie es fertigbringt, daß alles nach ihrem Willen geht. Aber man kann sicher sein, daß sie ihren Willen durchsetzen wird.

Die Waage-Frau wird von Venus beherrscht, dem zärtlichen Planeten des Friedens, der Liebe, Schönheit und Harmonie – all dieser lieblichen Eigenschaften. Der Stier-Mann wird ebenfalls von Venus beherrscht. Doch Stier ist ein weibliches Zeichen, die Waage ein männliches. Diese Tatsache macht aus ihr kein Mannweib, ebensowenig wie es aus ihm ein Zimperlieschen macht. Doch ganz so einfach ist es nicht. Es ist immer leichter für einen Mann, in einem männlichen Zeichen und für eine Frau, in einem weiblichen Zeichen geboren zu sein; es würde alles natürlicher machen. Doch ist es nicht unbedingt von Nachteil, wenn es umgekehrt ist. Gewöhnlich machen maskuline Schwingungen ein Mädchen feuriger – und feminine Schwingungen den Mann empfindsamer. Es muß keineswegs falsch sein, wenn die Geschlechter ein paar Tugenden austauschen. Die Gefahr liegt in der Übertreibung. Für diese beiden besteht diese Gefahr allerdings nicht. Sie neigen eher zu *Unter*treibung.

Von allen in einem weiblichen Sonnenzeichen geborenen Männern neigt der Stier am wenigsten dazu, die femininen Eigenschaften Passivität, Ergebung, Bescheidenheit usw. zu übertreiben. Seine Männlichkeit und Sturheit halten einfach das Gleichgewicht mit seiner Freundlichkeit und Zärtlichkeit, wenn er den starken Mann nicht zu sehr herauskehrt. Die Waage-Frau hat wahrscheinlich etwas mehr Kummer mit ihrem Balanceakt zwischen femininen und maskulinen Einflüssen. Schließlich ist ihr Symbol die Waage, und Waagen haben einen äußerst feinen Ausgleichsmechanismus.

Eine Waage-Frau ist meistens sehr hübsch. Auch wenn ihre Gesichtszüge nicht besonders aufregend sind, läßt ihr umwerfendes Lächeln sie wunderschön erscheinen. Sie hat Grübchen, sanfte Augen, eine klare, einschmeichelnde Stimme, und ihre Bewegungen sind anmutig. Sie läßt sich mit dem Anschein der Hilflosigkeit den Stuhl zurechtrücken, die Tür öffnen und ihre Pakete tragen. Nach außen scheint sie engelsgleich weiblich zu sein. In ihrem Inneren jedoch wird sie von den männlichen Prinzipien des Kardinalzeichens und seines Führungsanspruchs angetrieben: Stärke – Kraft – Mut – Tatendrang – erobern und beherrschen. Sie baut sich eine eigene Karriere auf, und sie ist geschickt genug, alles, was sie will, aus dem Leben – und aus einem Mann – herauszuholen. Das heißt nun nicht, daß niemand ihre Gefühle verletzen kann, aber sie ist härter im Nehmen, als man vielleicht an ihrem Verhalten erkennen könnte . . . und sie erholt sich sehr schnell von Enttäuschungen und Kummer.

Der Stier erholt sich nur sehr langsam von irgendwelchem Kummer, insbesondere Liebeskummer. Um so wichtiger ist es für ihn, die Regeln zu kennen, bevor er sich auf eine Romanze mit einer Waage-Frau einläßt. Der Stier entscheidet sich erst, nachdem er alles sorgfältig abgewogen hat. Er liebt keine Diskussion über ein Thema, über das er sich noch keine Meinung gebildet hat. Danach handelt er jedoch mit Bedacht und ändert selten seine Einstellung. Auch die Waage-Frau handelt mit Bedacht und ändert selten ihre Einstellung. Wenn sie sich einmal zu einem Schritt fest entschlossen hat, wird sie ihn mit unglaublicher Energie und Willenskraft verfolgen. Deshalb kann sie auch nicht verstehen, warum andere sie als unentschlossen bezeichnen. Was ihr diesen Ruf einbringt, ist die Zeit, die sie sich nimmt, um eine Sache abzuwägen und zu bedenken, *bevor* sie sich entschließt. Der Stier nützt diese Zeit des Sich-Entscheidens für stilles Nachdenken. Die Waage benützt sie, um in intellektuellen Gesprächen, die bis spät in die Nacht dauern können, das Für und Wider zu diskutieren. Sie kann ihm bei dieser Gelegenheit seine mangelnde Begeisterung, an diesem Streitgespräch teilzunehmen, verübeln.

Die Waage-Frau sollte mit ihrem Stier nicht zu hart ins Gericht gehen, wenn er bei einem Streitgespräch zu der Überzeugung gelangt, daß das diskutierte Problem nicht seine *persönliche* Angelegenheit ist und er daher das Interesse daran verliert und einschläft. Sie kann ihn jedoch leicht wecken, indem sie das Licht löscht und ihm eine Botschaft zukommen läßt, die ihn *wirklich* berührt, ganz tief – Liebe. Nur weil sie es nicht fertiggebracht hat, ihm leidenschaftliche verbale Beteuerungen zu entlocken, heißt das noch lange nicht, daß sie nicht fähig ist, sein sexuelles Interesse zu wecken. Einen Stier kann man immer dazu bringen, mit Leidenschaft leidenschaftlich zu werden.

Meist fühlen sich dieser Mann und diese Frau körperlich sehr stark zueinander hingezogen. Ihre Einstellung zum Sexuellen mag für seine sinnlichen, irdischen Wünsche eine Nuance zu abstrakt sein. Da sie aber beide gefühlsselige Romantiker sind, die verstehen, wie man Erotik mit Zuneigung verbindet, können sie vollkommene Erfüllung finden. Die 6:8-Sonnenzeichen-Verbindung beinhaltet sexuelle Neugierde und Befriedigung – betont aber auch selbstlose Verehrung und Hilfsbereitschaft.

Zweifellos ist der Stier-Mann oft eine große Hilfe für die Waage-Frau. Allein schon seine Anwesenheit besänftigt ihren ruhelosen Geist. Und niemand könnte ihr zuverlässiger in ihrer quälenden Unentschlossenheit helfen als der ausgeglichene Stier. Seine Wärme und sein Humor, seine Zuverlässigkeit und sein gesunder Menschenverstand sind Eigenschaften, die sie bei ihm sucht.

Ein anderer liebenswerter Aspekt ihrer Beziehung ist, daß der angeborene Optimismus der Waage ein hervorragendes Gegengewicht zum Pessimismus des Stiers darstellt. Niemand kann so mühelos wie diese charmante Frau den Stier-Mann aufmuntern, wenn er unter Depressionen leidet. Er mag sich sträuben, wenn sie versucht, ihn in ihr turbulentes Gesellschaftsleben einzubeziehen, und von ihm erwartet, die Transparente zu malen, die sie bei ihren Protestdemonstrationen trägt. Doch wird er zu Wachs in ihren Händen, wenn sie ihm mit ihrem lieblichen Lächeln schmeichelt und ihn mit ihrer sanften Stimme becirct. Er bewundert im stillen ihre Intelligenz, solange sie seine männliche Überlegenheit anerkennt. Es gibt kaum Stiere, die glauben, daß Mann und Frau in jeder Hinsicht gleich sind. Der Stier-Mann ist stolz darauf, wie fest die Waage-Frau die Dinge im Griff hat und wie reibungslos sie alles über die Bühne bringt. Der Trick dabei ist der, ihn nicht merken zu lassen, wie fest sie *ihn* im Griff hat.

Die Stier-Skorpion Beziehung

Wie bei allen 7:7-Sonnenzeichen-Kombinationen spüren Skorpion und Stier die fehlenden Eigenschaften des anderen, die ihn vollkommen machen würden. Die Polarität ihrer Opposition im Tierkreis wirkt sich sehr stark auf sie aus – zum Guten wie zum Bösen. Der Skorpion verkörpert alles, was der Stier sein will. Und der Stier besitzt alle Eigenschaften, die der Skorpion sucht. Beide würden jedoch lieber sterben, als das zuzugeben. Der Skorpion ist zwar kein Doppelzeichen (wie die Zwillinge oder Fische), doch lebt er gleichzeitig in zwei Welten – in der Welt, in die ihn seine drängende Seelen-Sehnsucht führt, und in der sichtbaren, materiellen Welt, die gewöhnliche Sterbliche sehen und an die sie glauben. Der Skorpion schwebt irgendwo zwischen diesen beiden, frei und unabhängig, rätselhaft wie eine Sphinx. Um sich zu verkleiden und um Leute davon abzuhalten, sie zu beobachten, tragen die meisten Skorpione eine Maske. Es kann sich dabei um eine Maske lieblicher Zärtlichkeit, eisiger Unnahbarkeit oder kalter Geschäftigkeit handeln. Doch darunter steckt der schwelende, kochende, sprudelnde Kessel intensiver Gefühle.

Der Stier trägt keine Masken. Wie auch die anderen Erdzeichen mag er es nicht besonders, sich im Fasching zu verkleiden, um andere zu täuschen oder zu erschrecken. Er will andere nicht täuschen oder ängstigen, sondern nur zum Lachen bringen. Der Stier lebt in einer einzigen Welt – auf der Erde, der guten, alten, sicheren Mutter Erde. Er ist so, wie er eben ist, und niemand wird ihn jemals davon abbringen, sich so zu geben, wie er geboren wurde – als Muster an Zuverlässigkeit, Geduld, Entschlußkraft und Mut. Obwohl der durchschnittliche Stier weder mit der Macht, der Triebkraft und dem eisernen Willen des Skorpions noch mit dessen beeindruckender Fähigkeit, sich schnell von Schicksalsschlägen zu erholen, ausgestattet ist, verkörpert er die wahre und echte innere Ruhe, nach der der Skorpion sich sehnt; die totale Kontrolle der Emotionen, die die von Pluto beherrschten Menschen nur scheinbar besitzen. Aus diesem Grund beneidet der Skorpion den von Venus beherrschten Stier.

Der typische Stier wird nichts dafür tun, um die gefühlsmäßige Intensität des Pluto zu besitzen oder nachzuahmen, aber er bemüht sich, um die Fähigkeit des Skorpions zu erlangen, zu *wissen*, ohne irgendwelche Überlegungen . . . *einfach zu wissen.* Der Stier würde seinen ganzen Besitz für die Fähigkeit des Skorpions eintauschen, in die Seele eines anderen blicken und dessen Geheimnisse in Erfahrung bringen zu können.

Wenn der Stier diese Fähigkeit je erreichen könnte, ließe er sich sein Reich schneller aufbauen. Wenn wiederum der Skorpion die Stier-Unempfindlichkeit den Gefühlsstürmen des Lebens gegenüber erlangen könnte, würde er seine mysteriösen Vorhaben durchführen können, ohne seiner Psyche soviel Tribut zollen zu müssen.

Wenn natürlich diese beiden sich in irgendeine Art von Verbindung begeben – Geschäft, Familie, Freundschaft, Liebe – und beschließen, sich gegenseitig ihre individuellen Begabungen und Tugenden auszuleihen, indem sie Seite an Seite arbeiten, so können sie das Schicksal meistern.

Eine der Eigenschaften des Stiers, die der Skorpion gewöhnlich nicht besitzt, ist Humor. Humor ist die beste Medizin. Er verleiht eine gesunde Lebenseinstellung und hilft dem Stier, die zerstörerischen Zwillingseinflüsse (keine Verbindung mit dem Zeichen Zwillinge!) Selbstmitleid und Egozentrik zu vermeiden. Wenn man lacht, ist man meist von herzlichen und glücklichen Menschen umgeben. Ein Witz zieht die Menge an. Wenn man aber über sich *selbst* lachen kann, wird man von jedermann geliebt – weil man sich selbst so menschlich und fehlbar gezeigt hat, wie die anderen es auch sind, und ihnen erlaubt, für einen kurzen Augenblick ihre eigene Fehlbarkeit zu vergessen. Vielleicht ist der Mangel an diesem leichten und spontanen Humor, der die Menge anlockt, der Grund dafür, daß der Skorpion es oft vorzieht, allein zu bleiben. Es ist für einen von Pluto beherrschten Menschen schwierig, Fehlbarkeit zuzugeben. Außerdem hat er ja nicht das Verlangen, bewundert zu werden.

Viele Skorpione schätzen Humor, aber normalerweise nur auf der Bühne oder im Kino oder unter Freunden – als *Zuschauer*. Nur sehr wenige Skorpione finden es sehr spaßig, wenn der Witz auf ihre Kosten geht. Auch sind sie keine jovialen Kumpeltypen wie Stiere, wenn sie besonders lustig sind. Der typische Skorpion wird nur befreit auflachen, wenn er in Gesellschaft von guten und vertrauten Freunden ist.

Skorpion und Stier haben einiges gemeinsam. Beide neigen dazu, sich Fremden gegenüber reserviert zu verhalten. Keiner von beiden ist ein Schwätzer, der lange Reden hält, wenn nicht etwas wirklich Wichtiges zu sagen ist. Auch mögen sie es nicht, von neugierigen Leuten unter die Lupe genommen zu werden. Doch sind ihre Reaktionen auf solche Aufdringlichkeit verschieden. Der Skorpion benutzt subtile Strategien, um seine Geheimnisse nicht aufdecken zu müssen. Sollten diese Strategien keine Wirkung zeigen, so lügt er einfach und rechtfertigt es als sein unveräußerliches Recht, wenn es sich um Leute handelt, die in seine geheiligte Privatsphäre eindringen. (Zu jedem anderen Zeitpunkt sind Skorpione die Rechtschaffenheit selbst.) Die stille Folgerung lautet: »Wenn du dich in meine Angelegenheiten einmischst, bekommst du nur das, was du verdienst.« Auch der Stier bewahrt sich seine Privatsphäre; er wird niemals alles erzählen, was er weiß, nicht anders als der Skorpion. Doch ist der Stier nicht so raffiniert und lügt auch selten. Er schmettert den Neugierigen einfach mit einer klaren Aussage ab: »Hau ab und kümmere dich um deinen eigenen Kram.«

Niemand kann ein »Nein« klarer betonen und es auch meinen als Stier und Skorpion. Wenn sie es sich gegenseitig sagen, dann ist es auch das Ende ihrer Beziehung. Doch sagen sie »Ja«, wird sich eine feste, dauerhafte Freundschaft entwickeln, da sie beide noch eine andere Eigenschaft gemeinsam haben: *Treue*. Für die, die sie lieben, werden sie, gegen alle Übermacht, Berge versetzen. Beide betrachten Güte genauso wie einen Bankkredit, den man zurückzahlen muß – mit Zinsen.

Stier-Frau – Skorpion-Mann

Ein Skorpion-Mann hat viele Tugenden, um seine Untugenden zu verdecken, doch ist er keiner der Leichtgläubigen, die naiv an das Gute im Menschen glauben. Durch das magische Auge des scharfsinnigen Pluto sieht er zu tief in die menschliche Natur, um an das Gute in ihr zu glauben. Er vertraut mehr auf seinen eigenen Instinkt für Wahrheit und Sittlichkeit. Er vertraut auf Gott. Gegen alle anderen hegt er Argwohn. Daher erscheint er unbarmherzig. Doch vernichtet er nur die Feinde, die ihn selbst oder die Hilflosen (die er genau kennt) angreifen. Jene, die nur beinahe zufällig auf den Schwanz des Skorpions treten, wird er nur leicht stechen, um die Botschaft des Pluto zu überbringen, daß sie es nicht noch einmal versuchen sollen, ihn zu täuschen. Dann erlaubt er ihnen großzügig, das Feld unversehrt zu räumen. Es war nur eine Lektion. Das ist alles. *Lerne daraus,* ist seine unausgesprochene Warnung an den Angreifer - *oder du mußt nächstesmal für dein Vorgehen büßen.*

Tatsächlich sind die Handlungen des Skorpions immer überaus fair und gerecht, nie kleinlich – und stimmen immer mit seinen strengen Moralbegriffen überein. Er verlangt von keinem etwas, das er nicht selbst gern zu geben bereit wäre. Er fühlt sich dazu berufen, die Schwachen zu beschützen und den Armen zu helfen.

Der Stier fürchtet sich sehr selten vor etwas Realem. Doch ist der Stier nicht ganz so mutig, wenn es um etwas *Ir*reales, etwas Unsichtbares oder um Gefühle geht.

Ein Skorpion ist weder ein impotenter Eunuch noch ein schüchterner, stotternder Pennäler. Er ist in jedem Sinn ein Mann. Er ist männlich wie der Widder, gefühlvoll wie die Waage, leidenschaftlich wie der Löwe, feinfühlig wie die Fische und so sinnlich wie die Stier-Frau selbst. Wenn wir das alles zusammenaddieren, und es kommt nur ein Wort heraus – Sex –, was ist dann daran falsch?

Für die Stier-Frau ist der körperliche Beweis ihrer tiefsten Gefühle eine Lebensnotwendigkeit. Der Skorpion lenkt sie deshalb sicher nicht von der Erwägung aller Möglichkeiten ab, die das Leben und die Liebe mit diesem Mann bieten. Wenn sie es tut, können Sie sicher sein, daß sie beides in den verschiedenartigsten Schattierungen, Nuancen und Tönen erfahren wird. Was den Skorpion fasziniert, das sondiert und durchdringt er bis auf den tiefsten Grund. Was er für unwichtig hält, läßt er einfach verschwinden, indem er es ignoriert, als existiere es nicht. Schließlich existiert es ja auch nicht – wenigstens nicht in seinem eigenen Bewußtsein oder in seiner unmittelbaren Umgebung. Das gilt für Menschen ebenso wie für Sachen. Offensichtlich liegt das Problem also darin, daß beide die gleichen Leute und Dinge interessant und die gleichen langweilig finden. Andernfalls kann es zu verzwickten Situationen und womöglich zum emotionellen Chaos kommen. Ein Stier-Mädchen kann sich wie eine Klette an einen Menschen oder eine Sache hängen, und es könnte unangenehm sein, zu sehen, wie sich ein lieber Freund oder Verwandter, ein sorgsam gehütetes Kästchen oder zerschlissener Teppich gewissermaßen in Luft auflöst, weil der Mann, den man liebt, nicht den gleichen Enthusiasmus und Geschmack hat.

Da es sich hier um eine 7:7-Sonnenzeichen-Kombination handelt, hat er, was sie braucht, und sie besitzt das, was er sucht – und wahrscheinlich bekommt. Natürlich wird eine Anziehungskraft wie diese bewirken, daß die beiden sich wie Magneten anziehen, wenn sie sich treffen, vorausgesetzt, sie sind beide frei und bereit, eine erfüllte Beziehung einzugehen. Manchmal sogar auch, wenn sie nicht frei und nicht dazu bereit sind.

Eine Stier-Frau denkt und handelt praktisch, ist weder leichtsinnig noch impulsiv und auch keine Träumerin. In ihrem standhaften Herzen ist Leidenschaft nicht leicht oder schnell entfacht, sondern wächst langsam zu ihrer vollen Blüte. Trotz ihrer natürlichen, irdischen Stabilität ist die liebende Stier-Frau verwundbarer als eine Fische-Frau, und das will etwas heißen.

Sie ist in einem festen Zeichen geboren, also wird sie ihre Einstellung nicht ändern, wenn sie einmal den lange (manchmal jahrelang) gesuchten Mann endlich gefunden hat. Falls er ein Skorpion ist, kann sie auf seine Loyalität, die zu der ihren paßt, bauen (wenn ihre Geburtshoroskope keine sehr ungünstigen Aspekte aufweisen). Sie ist in der Liebe besitzergreifend, doch ist das nicht das gleiche wie plötzliche unvernünftige Eifersuchtsausbrüche. Der Stier ist nicht eifersüchtig. Eifersucht ist ein Gefühl, das seine Wurzel in der Unsicherheit hat. *Besitzergreifung* beschreibt den Stolz der Stier-Frau auf alles, was sie besitzt – und die Verehrung, die sie darauf verschwendet, ob es sich um einen Mann oder um eine geerbte Bettdecke handelt.

Der Skorpion-Mann versteht den Unterschied zwischen diesen beiden Wörtern und gibt ihr wenig Grund zur Eifersucht, während er die Besitzergreifung gern sieht. Trotz seines Rufs als Sex-Symbol sieht er Sex nicht als vergnüglichen Zeitvertreib oder als eine Reihe gelegentlicher Liebesabenteuer. Für ihn ist Sex die Ursache für Leben und Tod, das Tor zu beiden, das einzige Geheimnis, das er vielleicht nie lösen wird. Er betrachtet ihn daher beinahe als Religion. Die in einem Erdzeichen geborene Stier-Frau versteht die Leidenschaft, die im Skorpion brennt und lodert, vielleicht besser als jede andere Frau, und sie geht darauf mit der gleichen Intensität des physischen Ausdrucks ein. Obwohl sie vielleicht sein leidenschaftliches Liebesspiel begrüßt, ist sie von seinen mit Leidenschaft vertretenen Überzeugungen in anderen Bereichen nicht so begeistert.

Er ist eine geheimnisvolle Verbindung von kühlem Verstand und heißen Emotionen, obwohl er nur das erstere zur Schau stellt und das letztere als dunkles Geheimnis behält. Sein kühler Verstand, sein äußeres Gleichgewicht und sein Sinn für das Praktische finden bei ihr Anklang. Doch heiße Emotionen lassen sie kalt – und erregen ihr Mißfallen. Der Skorpion engagiert sich mit heißen Gefühlen, die, wie die stillen Gewässer seines Sonnenzeichens, sehr tief sind. Der Stier hat dagegen wenig Sympathie für gewaltige Ausbrüche von Liebe und Haß. Für die Stier-Frau sind sie eine ermüdende und unnötige Nervenbelastung. Diese unterschiedlichen Züge sind die Ursachen für alle großen und kleinen Meinungsverschiedenheiten zwischen ihnen.

Stier-Mann – Skorpion-Frau

Ein Stier-Mann, der in den Bann der magnetischen Anziehungskraft einer Skorpion-Frau gerät, steuert entweder auf die schmerzlichste Erfahrung seines Lebens zu – oder auf die erbauendste. Auf jeden Fall wird er um eine Erfahrung reicher sein.

Trotz ihrer offensichtlichen Ruhe und ihres äußeren Liebreizes ist sie nicht die Frau, mit der es sich leicht leben läßt. Sie ist faszinierend weiblich, intelligent, loyal und leidenschaftlich. Aber sie ist nicht das unschuldige Mädchen mit den staunenden Augen, das bereit ist, als Sexualobjekt zu dienen. Die Skorpion-Frau lebt in ihren Emotionen, doch werden diese manchmal jahrelang in ihr aufgestaut. Deshalb wirkt sie so fügsam; doch plötzlich, ohne Warnung, bricht sie in brodelnden Zorn aus – oder zieht sich in eisiges Schweigen zurück, was noch schwieriger zu ertragen und zu verstehen ist.

Für eine gewisse Zeit wird sie sich gern nach den Wünschen ihres Mannes richten, bis er beginnt, zuviel von ihr zu verlangen. Dann zeigt sie ihre verborgene Stärke. Takt und Kompromisse sind nicht ihre starken Seiten. Seine übrigens auch nicht. Weder Stier noch Skorpion können verstehen, wie es ist, den Standpunkt des anderen zu sehen. Nein, das ist nicht ganz richtig. Der Stier hat Schwierigkeiten, den Standpunkt des anderen zu sehen. Die Skorpion-Frau dagegen sieht ihn sehr klar, mit ihrem ungeheueren Wahrnehmungsvermögen. Doch zieht sie ihre eigenen Wünsche vor und läßt sich nicht dadurch beeinflussen, daß sie die Wünsche eines anderen kennt. In dieser Hinsicht müssen sie einige Verbesserungen vornehmen, wenn sie nicht ihr ganzes Leben mit dem Rücken zum anderen gewandt, mit gekreuzten Armen und stumm verbringen wollen. Beide sind in einem weiblichen Zeichen geboren, also können sie gleich zärtlich und wohlwollend sein, wenn sie sich entschließen, die »negativen« Einflüsse zu nutzen, die der »weibliche« Ausgleich für die »negativen« Eigenschaften ihrer Sonnenzeichen darstellt.

Er ist von Venus beherrscht, dem Planeten des Friedens und der Liebe. Ihr Herrscher ist Pluto, der Planet der explosiven Leidenschaft und der Geheimnisse. Ihre sexuelle Beziehung wird deshalb reich an Überraschungen und sinnlicher Ekstase sein. Sie assoziiert Sex mit dem Geheimnis ihres eigenen Daseins und respektiert ihn als geheiligten Akt der Liebe. Auch plagt sie eine verzehrende Neugierde nach den tiefsten Geheimnissen der Sexualität, die nur durch die tiefste Innigkeit mit dem Mann, den sie liebt, gestillt werden kann, obwohl sie immer eine Aura der Reinheit umgeben wird. Sex ist für die Skorpion-Frau nichts Schlechtes, und sie wird darauf bestehen, daß er ihre ganze Persönlichkeit liebt, nicht nur ihren Körper. Er hat die gleiche Einstellung.

Der Stier-Mann fühlt vielleicht niemals das Liebesspiel mit der gleichen Intensität wie sie, doch dies wird ihn nicht hindern, trotzdem Spaß daran zu finden. Für den Stier wie für den Skorpion ist der sexuelle Akt ein Ausdruck der Verehrung, eine ständige Erneuerung der geistigen Kräfte, durch das Geben und Nehmen von Leidenschaft zwischen ihnen. Sex allein genügt jedoch nie für eine dauerhafte Bindung, auch wenn er so erfüllend ist, wie es gewöhnlich zwischen Stier und Skorpion in ihrer 7:7-Sonnenzeichen-Beziehung der Fall ist. Es muß noch gegenseitiges Verstehen in anderen Bereichen hinzukommen. Nach einem Krach ist es für die beiden nie einfach, sich wieder zu versöhnen. Die Tatsache, daß beide in einem festen Zeichen geboren sind, läßt keinen den ersten Schritt tun. Der Skorpion sagt: »Ich kann vergeben, aber nichts nachsehen.« Der Stier variiert dies nur geringfügig: »Ich kann vergeben, aber nicht vergessen.« Die beiden belügen sich selbst. Was sie wirklich meinen, ist: »Ich kann nicht vergeben.« Auch sein Sinn für Humor kann eine Ursache für Spannungen zwischen ihnen sein. Der Stier muß ihr gelegentlich einen Streich spielen und braucht ständig Humor, um sein Leben, das ernst genug ist, erträglicher zu machen. Vielleicht lacht sie über seine komischen Bemerkungen, aber ihre Augen lachen nicht mit, und er lernt bald, daß sie es nicht ertragen kann, gehänselt zu werden, weil sie es noch nie fertigbrachte, über sich selbst zu lachen. Sein Humor macht ihn zu einem warmherzigen Menschen. Anstatt sich darüber zu ärgern, sollte sie sein strahlendes Lachen in ihr Herz aufnehmen, um ihre eigenen Gefühle wenigstens etwas aufzuhellen.

Die Stier-Schütze Beziehung

Der Stier wird seinen langsamen, bedächtigen Schritt nie ändern, also liegt es am Schützen, seinen Schritt zu verlangsamen, wenn sich diese beiden jemals gemeinsam niederlassen und die Früchte ihrer 6:8-Sonnenzeichen-Beziehung ernten wollen.

Da der Schütze vom Zentaur symbolisiert wird, halb Pferd, halb Mensch, kann ihre Beziehung oft ziemlich aufreibend sein. Der Schütze fliegt in seinen Träumen oder auch in Wirklichkeit oft in andere Länder. Beinahe jeder Schütze sehnt sich im geheimen nach einer Karriere, die etwas mit Reisen zu tun hat, und irgendwie schaffen es die meisten auch, dies zu tun. Wenn der Schütze in die Rolle des Clowns oder des fröhlichen Philosophen schlüpft, findet ihn der Stier höchst amüsant. Der Stier wird über die Slapstick-Späße des Schützen brüllen, wenn dieser über seine Reden und Füße stolpert. Er spürt ein warmes, beschützendes Gefühl der heiteren, wohlmeinenden, gutmütigen und irgendwie doch unbeholfenen Pferde-Hälfte des Schützen gegenüber.

Kommt aber die menschliche Seite des Schützen zum Vorschein, so ist der Stier verwirrt und verärgert. Wenn der Stier den Schützen beobachtet, wie er die Rolle des ernsten Idealisten spielt, der heftig im Gerichtssaal, im Klassenzimmer, im Fernsehen oder auf der politischen Bühne agitiert, so ist er sich nicht sicher, ob er ihn bewundern oder fürchten soll.

Jeder Schütze (der extrovertierte ebenso wie der introvertierte) ist aus vollem Herzen ein lachender, fröhlicher Optimist, der in seinem Innersten fest daran glaubt, daß sich schon alles zum Besten wenden wird – und dann große Tränen vergießt, wenn die Dinge sich nicht nach seinen Wünschen entwickeln –, und nach Meinung des Stiers geschieht ihm das zu Recht, da er immer zu viel vom Leben erwartet.

Der Stier ist ein Pessimist, der nicht daran glaubt, daß bei einer Sache etwas Positives herauskommt – wenn er also keinen Erfolg hat, geschieht ihm nach Meinung des Schützen nur recht, da er immer nur die Schattenseiten sieht. Der Schütze hat keine Geduld mit dem Stier, der mürrisch vor sich hinblickt und schlechte Laune verbreitet. Die Tränen des Schützen fließen vielleicht reichlich, doch trocknen sie schnell, wenn der ewige Jupiter-Regenbogen auftaucht und ihn tröstet.

Hier handelt es sich um eine 6:8-Sonnenzeichen-Kombination, bei der die Betonung auf Hilfsbereitschaft, Gesundheit und jeder Art von Mysterium liegt. Da der Schütze »das Geld der anderen« für den Stier darstellt, ist es wahrscheinlich der Schütze, der für den Stier das Geld aufbringt, damit dieser seine großen Vorhaben verwirklichen kann. Da der Stier Arbeit und Pflichten nicht scheut und äußerst hilfsbereit ist, finden sich diese beiden oft zu gemeinsamen geschäftlichen Unternehmungen zusammen, bei denen sich das feine Gespür des Jupiter für werbewirksame Methoden und sein Verkaufstalent mit der Fähigkeit des Stiers, eine solide Geschäftsgrundlage zu schaffen, verbinden. Dem Stier gefallen die großartigen Pläne, die der Schütze skizziert, doch wird er unruhig und argwöhnisch, wenn der Schütze die Farbe mit zu dicken Pinselstrichen aufträgt und Farben verwendet, die für den praktischen Stier einfach zu grell sind.

Albernd und stolpernd ist der Schütze immer unterwegs, doch kann er ebenso leicht über ein Stück pures, unverfälschtes Glück stolpern wie auch kopfüber in eine Pfütze fallen. Das erstgenannte kommt von seinem Vertrauen, Mut und Optimismus – das letztgenannte von seiner behinderten Sicht. Die Chancen, in ein Loch zu stürzen, sind natürlich wesentlich größer, wenn man immer zu den Sternen aufblickt, in die Zukunft sieht und dabei nicht darauf achtet, wohin die Füße treten.

Da der Stier gewöhnlich seine Augen mehr oder weniger fest

auf den Boden richtet, kann er dem Schützen helfen, die Pfützen und anderen Fallen zu überspringen, die nur darauf warten, ihn zu Fall zu bringen. Diese beiden können ein äußerst erfolgreiches Team im Börsengeschäft oder bei jeder anderen risikoreichen Unternehmung bilden. Tatsächlich passen die beiden sehr gut zusammen, wenn es um die Realisierung von Plänen geht, die etwas mit Geld zu tun haben – ganz gleich, ob es sich um ihr eigenes oder das anderer handelt.

Gewöhnlich ist der Stier seiner Familie eng verbunden. Er bringt für seine Lieben viele Opfer und verzagt auch bei Schwierigkeiten nicht. Der Schütze bietet ebenfalls gern seinen Verwandten seine helfende Hand und ein tröstendes Wort an – doch aus Distanz. Der Schütze rückt seiner Familie nicht andauernd auf die Pelle. Er ist mehr am Guten im Menschen an sich interessiert, als daß er an seine Verwandten übertriebene Aufmerksamkeit verschwendet.

Diese beiden Sonnenzeichen können einen Heuchler oder einen Lügner schon auf einen Kilometer Entfernung ausmachen. Keiner der beiden verspürt die Neigung zu lügen, nur um dadurch sein Gesicht nicht zu verlieren oder auch nur um höflich zu sein. Der Stier sagt seine Meinung über eine Angelegenheit in der Regel frei heraus, klar und entschlossen. Sollte er aber glauben, er könnte jemanden wirklich damit verletzen, wird er sich eher die Zunge abbeißen und nichts sagen, als unnötig Staub aufzuwirbeln, wenn das Thema nicht wirklich dringlich ist. Der Schütze kennt diese Zurückhaltung nicht. Jeder Schütze strahlt eine gewisse Art von Ehrlichkeit aus – eine brutale Art. Die Wahrheit schmerzt oft, doch ist sich der Schütze dessen nicht bewußt, wenn er seiner Entrüstung Luft macht. Es hat keinen Sinn, von ihm zu erwarten, die ihm von Jupiter verliehene Offenheit und Ehrlichkeit zu unterdrücken, aber vielleicht sollte er sie etwas abschwächen. Die meisten Schützen akzeptieren die Wahrheit fröhlich und philosophisch weise – und sind wirklich erstaunt, daß andere Menschen sich darüber ärgern, wenn sie die Wahrheit hören müssen, gleichgültig, ob der scharfe Pfeil der Ehrlichkeit des Schützen auf sie selbst oder auf wieder andere gerichtet ist.

Der Schütze betrachtet Leben und Leute nüchtern, wenn er

herumtollt und seine Jupiter-Wahrheiten hinausposaunt. Wenn der Stier in seinem Stolz verletzt wird, so kann es vorkommen, daß er sich aufbäumt; gewöhnlich ist er aber ein geduldiger und ausgeglichener Mensch. Unglücklicherweise stören aber gerade die Eigenschaften von Geduld und Ausgeglichenheit den impulsiveren Schützen, sollte er diesen für längere Zeit ausgesetzt sein. Dem Schützen erscheint der dogmatische und vorsichtige Stier manchmal so langsam wie eine Schnecke.

Sollten sich diese beiden entscheiden, es miteinander zu wagen und das Glück und die Logik des Jupiters mit dem Scharfsinn und gesunden Menschenverstand des Stiers zu vereinen, so haben sie eine gute Chance, viel Geld miteinander zu verdienen. *Geld*. Dieses Wort werden sie beide laut und klar vernehmen. Der Stier hat es gern auf der Bank, der Schütze hält es lieber in Umlauf.

Stier-Frau – Schütze-Mann

Der fröhliche Schütze, der einer Stier-Frau begegnet, glaubt, er habe einen neuen Freund gefunden; und da es sich um ein weibliches Wesen handelt, wer weiß? Es könnte eine wunderbare Liebesaffäre werden, oder besser, eine lebenslange, platonische Freundschaft. Da der Schütze so wahrheitsliebend ist, ist es jetzt vielleicht an der Zeit, den Tatsachen ins Auge zu sehen. Da es sich um eine Stier-Frau handelt, so wird sie sich weder mit der Rolle des Kameraden noch mit der Rolle des hilflosen Opfers einer unverbindlichen Liebesaffäre zufriedengeben. Sie hat sich eine andere Rolle zugedacht.

Ein Schütze, der dies liest, wird wahrscheinlich so tun, als sei er schockiert, und zu sich selbst murmeln: »Welche Rolle denn?« Die Rolle der Ehefrau natürlich, und er sollte nicht so überrascht tun. Er, der sich seiner Ehrlichkeit brüstet, hat bei Frauen nicht immer ehrliche Absichten. Er glaubt vielleicht, er werde sein Spiel »Erst Süßholz raspeln und sich dann schleunigst aus dem Staub machen« immer gewinnen; wenn seine Partnerin eine Stier-Frau ist, sollte er jedoch darauf vorbereitet sein, zu verlieren – entweder das Spiel oder sie.

Eine Stier-Frau verliebt sich in einen Schütze-Mann aus gutem Grund. Er ist ein Idealist, ein fröhlicher Begleiter, wenn sie traurig ist, ein intelligenter Erzähler, ein Träumer, ein Philosoph, ein scharfsinniger Geschäftsmann – und ein kleiner Junge, auf den man aufpassen muß. Von einer Stier-Frau kann man wahrlich nicht verlangen, einem Prachtkerl wie ihm widerstehen zu können. Kein Wunder, daß sie nicht gehört hat, als er ihr gleich in der ersten Nacht sagte, wie die Dinge liegen. Ihre Gedanken schwebten über den Wolken, wohin er sie mit seinem Enthusiasmus entführt hat. Die Begeisterung des Schützen ist ansteckend. Doch manchmal vergißt er, daß er ein Feuerzeichen ist. Er sollte auf Sparflamme schalten, wenn er sich nicht an seinen eigenen Flammen verbrennen – oder unter dem irdischen Zorn seiner Stier-Frau begraben werden will, der ihn wie eine Lawine überschüttet, wenn er ihre Liebe entzündet hat und dann das Feuer nicht mehr löschen kann.

Tatsächlich ist dieser Mann fähig, der Frau, die er liebt, wirklich treu zu sein. Sein Problem ist, daß er die falsche Wahl trifft und daher oft die richtige Partnerin verliert. Auf den ersten Blick werden seine Ehrlichkeit und sein offenes Verhalten dem Stier-Mädchen sehr gefallen. Sie würde keinen Moment ihrer kostbaren Zeit an einen Lügner oder Angeber verschwenden, also bewundert sie seine Ehrlichkeit.

Wenn der Schütze eine Frau findet, die ihn genügend versteht, um ihn zu lieben und ihm zu vertrauen, wird sich sein Wesen bis zum höchsten Grad entfalten. Niemand gibt einen leidenschaftlicheren Geliebten und liebevolleren Ehemann ab als ein Schütze, der geliebt wird und dem man *vertraut*. Er ist freundlich, vielleicht ein bißchen unbeholfen, aber warmherzig, glücklich und treu, und wer kann schon seine spielerische Aufrichtigkeit in Frage stellen? Er braucht eine Frau, die an all seine Träume glauben kann, und keine, die ständig seine Träume durch ihre Zweifel und ihre Kritik platzen läßt.

Die Stier-Frau braucht Zeit, um über ausgefallene Ideen nachzudenken, bevor sie sich von seiner Begeisterung anstekken läßt, und sie ist mißtrauisch gegenüber zündenden Ideen. Doch ihr praktischer Sinn und ihr gesunder Menschenverstand stellen ein ausgezeichnetes Gegengewicht zu seiner Neigung dar, alles auf eine Karte zu setzen. Er sollte ihre vernünftige Einstellung anerkennen und nicht von ihr erwarten, daß sie ständig ebenso kreativ und aktiv ist wie er.

Der Schütze-Mann sucht eine ihm geistig ebenbürtige Gefährtin, die mit ihm das Abenteuer sucht. Sie braucht einen zuverlässigen, berechenbaren Mann, der mit ihr am Kamin sitzt und ihre Hand hält. Es ist nicht so, daß eine Stier-Frau ihr Leben am heimischen Herd verbringen will, doch gehört sie auch nicht zu den Frauen, die das Leben gern damit verbringen, in der Welt herumzuzigeunern oder dem Müßiggang zu frönen. Diese Frau ist treu und warmherzig, geduldig und selbstbeherrscht, gutmütig und lustig. Sie hat ein fröhliches, gastfreundliches und offenes Wesen. Sie scheint zu sanft, zu freundlich und viel zu ausgeglichen zu sein, um zornig werden zu können. Doch wird sie einmal weit über die Grenzen ihrer Geduld gereizt, so kommt es zu einem Wutausbruch, der jeder Logik und Vernunft entbehrt. Der Schütze ist nicht das einzige Zeichen, das sie zu diesem Temperamentsausbruch treiben kann. Auch Löwe, Skorpion und Wassermann haben die Fähigkeit, den Stier zu erdbebenähnlichen Aktionen zu bewegen.

Sie muß auf der Hut sein vor der Methode des Schützen, sie zu belehren (doch er lernt selbst daraus), indem er sie im Gespräch unauffällig ausfragt. Er ist darin Experte. Der Schütze kann einem tiefste Gefühle und höchst private Meinungen durch seine Methode der vorsichtigen Befragung entlocken. Die Stier-Frau jedoch will nicht immer ihre tiefsten Gefühle und höchst privaten Meinungen offenbaren.

Sie steckt ihre Nase nicht in die Angelegenheiten anderer. Warum sollten sich dann diese in ihre Angelegenheiten einmischen? Die brennende Neugier des Schützen, die eine natürliche Folge seines brillanten und logischen Denkens ist, wird ihr nicht immer gefallen. Noch wird seine geschickte Methode des wie zufällig durchgeführten Kreuzverhörs ihr behagen, wenn sie ein Geheimnis hat, das sie gern hüten möchte.

Sie ist eine warmherzige und sinnliche Frau, doch fällt es ihr nicht leicht, die Regungen, die sie so stark spürt, auszudrücken. Sie kann ihre Liebe nur durch Berührung zeigen. Für sie ist Schweigen Gold, wenn sie einander lieben. Aber der Schütze-

Idealist möchte das Wunder der Erfüllung analysieren, danach verbal und physisch ausdrücken. Vielleicht glaubt er, daß er eine Sphinx liebt, und sie könnte glauben, daß sie es mit dem legendären Zentaur zu tun hat, der halb mit animalischer Leidenschaft und halb mit tiefsinnigen Gedanken, die weit hinter dem Horizont der Realität liegen, liebt.

Ein Schütze ist erfüllt von geistiger Aktivität, und so sucht und braucht er die Freiheit einer Kameradschaft mit Männern und Frauen in jedem Bereich des Lebens, seinem Wassermann-Bruder darin nicht unähnlich. Er steht der öffentlichen Meinung mißtrauisch gegenüber, er ist unbeugsam in seiner Ehrlichkeit, eher gleichgültig den häuslichen Angelegenheiten gegenüber und hat sich von den Bindungen an seine Verwandtschaft gelöst.

Bei der Stier-Frau dagegen ist alles umgekehrt. Er ist der Mann, der schon vor dem Frühstück lustig pfeift, und sie ist die Frau, die davon überzeugt ist, daß er deshalb vor dem Abendessen weinen wird. Die beiden haben eine ganz unterschiedliche Einstellung zum Leben.

Nur wenn sie bereit ist, ihr Schweigen zu brechen, wenn er ihr Verständnis braucht – und nur, wenn er bereit ist, sein feuriges Temperament zu zügeln, sollte nicht alles nach seinem Willen laufen – können die beiden wirklich ein gemeinsames Glück finden.

Stier-Mann – Schütze-Frau

Die Ausgeglichenheit des Stiers mit der Überschwenglichkeit des Schützen zu vereinbaren, scheint ein recht mühsames Unterfangen zu sein.

Andererseits ist es nicht unbedingt interessant, mit jemandem zusammenzuleben, der genau die gleichen Eigenschaften hat. Es macht einfach mehr Spaß, sich mit jemandem zu liieren, der völlig entgegengesetzte Eigenschaften besitzt, dessen weiches Herz z. B. den eigenen Dickschädel ausgleicht. Verbinden und zusammenpassen und das, was einem selbst fehlt, durch das ergänzen, was der andere im Überfluß besitzt und geben will, wenn er nur jemanden finden könnte, der es braucht – und der es annimmt. Dadurch kann man seinen Charakter weiterentwickeln.

Der Schütze mag Diskussionen. Er ist dabei überaus selbstgerecht – ob er nun über ein Thema genauestens im Bilde ist oder selbst nicht einmal weiß, wovon er spricht. Gewöhnlich ist er gut informiert, da das Zeichen Schütze unter anderem höhere Bildung beherrscht. Der Schütze findet auf jeden Fall Unmengen von aktuellen und komplexen Themen im Alltag, die er mit Logik und oftmals brutaler Ehrlichkeit analysieren wird. Dann versucht er mit seinem Jupiter-Optimismus Lösungsvorschläge zu unterbreiten. Ein Frühstück mit der Schütze-Frau könnte recht amüsant und abwechslungsreich verlaufen. Ihre interessanten Diskussionsbeiträge zu den Schlagzeilen der Morgenzeitung lassen einen verbrannten Toast oder ein zu hart gekochtes Ei vergessen. Die politischen Ansichten von Schütze-Frau und Stier-Mann gehen, um es milde auszudrücken, etwas auseinander.

Das heitere Wesen der Schütze-Frau hilft ihr, Mißgeschicke nicht tragisch zu nehmen. Sie sieht nur die heile Welt, und dieses sonnige Gemüt läßt den Stier nachsichtig über ihren Idealismus und ihre Naivität, die sich dahinter verbergen, lächeln. Aber von einem gebrochenen Herzen erholt sie sich nicht so schnell wie von zerstörten Ambitionen, einem geplatzten Vorhaben oder vorübergehender Armut. Unerwiderte Liebe (Liebe, die sie einem Mann gibt, der ihr Vertrauen ausnutzt) kann sie jedoch schwermütig werden lassen, und das für lange Zeit. Doch das zärtliche Verständnis eines geduldigen Stiers kann ihre emotionellen Wunden heilen und sie zur gleichen Zeit lehren, daß nicht alle Männer notorische Lügner sind, die ihre Versprechen nicht halten. Stehen Sonne und Mond in ihren Geburtshoroskopen günstig, können die beiden eine Beziehung aufbauen, die befriedigend sein wird, keinesfalls jedoch langweilig. Bei negativen Planeten-Einflüssen in ihren Horoskopen werden sie einiges an Mut brauchen.

Der Schütze-Frau gefällt es, mit einem ebenbürtigen Widersacher die Klingen zu kreuzen. Da ihre Logik ihr Scharfblick verleiht, ist sie ein gewandter Gesprächspartner – und oft verletzend ehrlich. Die Schwierigkeit besteht nun darin, daß der

Stier Auseinandersetzungen und Diskussionen lieber aus dem Weg geht – sogar übermäßig langen, freundschaftlichen Gesprächen. Sie lädt möglicherweise ein paar Freunde zu sich ein, debattiert mit ihnen, um so ihren Verstand zu schärfen. Das wird die Lage aber nur noch verschlimmern. Der Stier verträgt es nicht, wenn sein Haus voller palavernder Fremder ist, und auf beiden Seiten wird viel Einsicht erforderlich sein, um diese Spannungen zu beseitigen.

Die Gründe für die ständigen Reibereien sind wahrscheinlich seine Sturheit – und ihre Extravaganzen. Wie lange eine Streitigkeit zwischen ihnen anhält, hängt davon ab, wie gut sie sein von Venus beherrschtes Wesen kennt. Sie vergißt ihren eigenen Zorn schnell. Er aber kann tagelang verärgert sein, es sei denn, sie kennt das Geheimnis, sein Herz zu erweichen. Beim Stier genügt eine feste Umarmung oder ein zärtlicher Kuß, um seine verstockte Haltung zu durchbrechen.

Das bringt uns zur sexuellen Harmonie der beiden. Es könnte ein erregendes Aufeinandertreffen von Feuer und Erde sein, das ihnen genügend gemeinsames Vergnügen bereitet, um andere Schwierigkeiten vergessen zu machen. Die erste körperliche Anziehung ist stark. Ihre ehrliche, gesunde Einstellung zur Sexualität wird den Stier dazu bringen, sein Herz nicht zu verschließen, und Gefühle in ihm auslösen, die er sonst aus Furcht vor Zurückweisung nie offengelegt hätte. Sie wird auf seine liebevollen Gesten und seine Art des liebevollen Beschützers natürlich reagieren. Er läßt sie fühlen, daß sie wirklich geliebt wird, und nicht nur leidenschaftlich begehrt. Doch kann sie sein körperlich-emotionelles Verlangen vollkommener befriedigen als er das ihre.

Die Schütze-Frau klammert sich oft an ein Wunschbild ihres Geliebten, das sie sich in ihren Mädchenträumen zurechtgelegt hat; sie träumt von einem Mann, der für sie die Sterne vom Himmel holt – also wird es Momente geben, in denen der Stier das vage Gefühl hat, daß sie, während ihrer intimen Stunden, nicht gänzlich von seiner hingebungsvollen Leidenschaft verzehrt wird. Wenn es so ist, sollte er ruhig bleiben und sich nicht in eine dieser Schütze-Auseinandersetzungen einlassen. Möglicherweise macht sie in einem ungünstigen Augenblick eine Bemerkung und zerstört damit seine Stier-Männlichkeit für immer. Doch trotz ihrer Tag- und Nachtträume wird sie ihrem Wunschbild nur in ihrem ruhelosen Geist nachlaufen, wenn sie einen wirklich lebendigen, warmherzigen, zärtlichen Partner hat.

Die Schütze-Frau verliebt sich schnell, wenn die Hand, die sie ergreift und festhält, auch Freundschaft bietet. Sie ist impulsiv, erregt durch geistige Eigenschaften – und treu, wenn sie sich einmal ernsthaft verliebt hat. Er ist ihr darin sehr ähnlich. Für den Stier ist der Platz der Frau zu Hause, mit Betonung auf Küche und Schlafzimmer. Wenn es das ist, was sie glücklich macht, kann ihre Zufriedenheit lange anhalten. Doch sollte sie es vorziehen, in der Weltgeschichte herumzuzigeunern, ja, dann müßte er wohl nach einem Kompromiß suchen.

Die Stier-Steinbock Beziehung

Die leuchtenden Tugenden von Zuverlässigkeit und Gründlichkeit umgeben den Stier und den Steinbock mit der Aura erdfarbener Sicherheit.

Keiner der beiden hegt irgendeinen Zweifel, welches Ziel der andere hat. Beide wollen gesellschaftlich aufsteigen, ein ruhiges und beschauliches Leben führen, finanziell abgesichert sein – und nichts mit einfältigen Träumern und deren Illusionen, Phantastereien und durch fehlgeleiteten Idealismus verursachten Mißerfolgen zu tun haben.

Stiere und Steinböcke sind bescheiden und reserviert, und beide benützen diese Mäßigkeit als ein inneres Warnsystem, als Sicherheitsmechanismus, der sie vor irgendwelchen unberechenbaren Gefühlen warnt, die möglicherweise das Erreichen ihrer ehrgeizigen Ziele in Frage stellen. Das soll aber bei weitem nicht heißen, daß diese beiden träge, schwerfällige, humorlose und phantasielose Arbeitstiere sind. Die meisten Steinböcke haben irgendeine kreative oder künstlerische Begabung. Stiere sind humorvoll, schlüpfen gern in die Rolle des Hofnarren, der die Leute mit seinen Späßen zum Lachen und Nachdenken bringt.

Auch der Steinbock besitzt einen trockenen Humor. Seine eingehenden Beobachtungen der Lebenskomödie sind überraschend treffend; gewöhnlich bringt er seine Bemerkungen mit unbewegtem Gesicht vor, was diese noch lustiger machen. Wenn er durch irgend etwas angeregt wird, kann er sich lustige, seltsame Geschichten voll trockenem Humor ausdenken, daß

Berufskomiker vor Neid erblassen. Man sieht also, daß eine Verbindung zwischen Stier und Steinbock warm und herzlich, aber auch dauerhaft, fest und unerschütterlich sein kann.

Man sollte die beiden aber nicht für ein Komikerpaar halten. Beide sind in einem negativen Erdzeichen geboren, und das bedeutet, daß beide nicht leichtsinnig und leichtlebig sind. Steinböcke und Stiere *sind* lustig, doch sind sie nicht ausgelassen, und sie verlieren nie ihre Würde, wenn sie ihre Späße treiben. Man wird die beiden nicht oft in lauten Diskotheken tanzen sehen. Ein ruhiger, gemütlicher Abend beim Betrachten der letzten Urlaubsfotos mit der Familie ist mehr nach ihrem Geschmack.

Da es sich hier um eine 5:9-Sonnenzeichen-Kombination handelt, sind wahrscheinlich die Bereiche Kinder, Religion, Reise, Erziehung und Show-Business diejenigen, in denen Stier und Steinbock ihre gemeinsamen Interessen finden können. Sie können immer die in allen 5:9-Kombinationen vorhandene, natürliche Sympathie nutzen, um ihre Schwierigkeiten zu überwinden. Es ist stets schwierig für zwei Menschen, die von dieser Sonnenzeichen-Beziehung beeinflußt sind, über längere Zeit hinweg verärgert oder einander feindlich gesinnt zu sein. Der Weg zur Versöhnung ist immer leicht für die beiden, wenn sie sich darum bemühen, ihn zu finden.

Der Steinbock will vor allem von seinen Freunden, Verwandten und Nachbarn, von der Gesellschaft im Ganzen, anerkannt und respektiert werden. Wenn Wissenschaftler sich endlich dazu aufraffen könnten, sich weniger mit ihren Reagenzgläsern und dafür mehr und ernsthafter mit der Astrologie befassen würden, so würden sie, im Vergleich zu den anderen Sonnenzeichen, nur einen winzigen Prozentsatz von Stieren und Steinböcken in Nervenheilanstalten oder in Kliniken für Alkohol- und Drogensüchtige finden. Es gibt natürlich auch hier die Ausnahmen, die die Regel bestätigen, aber doch sehr wenige.

Viele Steinböcke und Stiere teilen mit dem Löwen die Liebe für wertvollen Schmuck und Edelmetalle. Der flammende Löwe liebt es, ihn zu tragen, je auffälliger, desto besser. Der Stier liebt es, danach zu graben, kreativ angetrieben von der Erregung der Entdeckung, wie er da in das Innere der Erde eindringt, um nach Türkisen, Gold, Silber oder Diamanten zu suchen. Der Steinbock verbindet sie gern mit praktischen Kunstgegenständen, und oft befriedigt er seine geheimen künstlerischen Sehnsüchte durch Goldschmiedearbeiten. Das eigentliche Ziel von Steinbock und Stier ist jedoch, den eitlen Löwen oder die Löwin zu finden, die ihnen ihre Ware abkaufen, damit sie Geld verdienen können, denn Geld bedeutet für sie Sicherheit. Viele Steinböcke stöbern gern bei Altwarenhändlern herum, denn das große Talent des von Saturn Beherrschten liegt darin, versteckte Schätze zu finden, vergraben unter Abfall, weggeworfenen Büchsen und zerbrochenem Glas des Lebens. Dies ist einmal ganz wörtlich zu nehmen, trifft aber auch im übertragenen Sinn zu.

Der Steinbock wird erwachsen im Alter von ungefähr zwei oder drei Jahren. Der Stier bestimmt den Umfang seines künftigen Finanzreiches ungefähr im selben Alter. Also spielt es keine Rolle, wie alt oder jung diese beiden sind, wenn sie zusammenfinden. Sie haben sich die gleichen Ziele gesteckt. Der Stier und der Steinbock verhalten sich gegenüber der Außenwelt weise. Es ist ihre innere Welt, die ihnen Schwierigkeiten bereitet. Beide sind übervoll mit Gefühlen, die sie aber nicht zeigen wollen – und beide haben ein tiefes Verlangen nach Anerkennung und Zuneigung, um die sie aber niemals bitten werden. So stehen sie also fest wie zwei Berge, Seite an Seite, sehnen sich nach Trost und menschlicher Nähe und widersetzen sich beide den schüchternen Angeboten von Freundschaft und der Zurschaustellung offener Zuneigung.

Stier-Frau – Steinbock-Mann

Die Stier-Frau vergißt bestimmt nicht den Tag und die Stunde, als sie einem Steinbock-Mann begegnete, dessen Mond- oder Aszendentenzeichen ein Erd- oder Wasserzeichen ist, besonders wenn ihr Mond- oder Aszendentenzeichen ebenfalls eines dieser Elemente aufweisen, als sie geboren wurde. Addiert man diese Planeten-Harmonie und die mächtige, verträgliche 5:9-

Sonnenzeichen-Kombination, so kommt es sehr selten vor, daß Stier und Steinbock nicht augenblicklich die guten Aussichten für ihre gemeinsame Zukunft erkennen. Es ist, als hätte man den Hauptgewinn mit dem letzten Einsatz des Vertrauens gewonnen, nachdem man schon zu viele Träume verspielt hat; ein besonders herzerwärmender Gewinn für Stier und Steinbock, da die beiden sich selten auf ein Glücksspiel einlassen. In jeder Hinsicht.

Es ist keine leichte Aufgabe, zwei Erdzeichen davon zu überzeugen, daß ihre Liebe – oder auch alles andere – vom Schicksal vorausbestimmt ist. Stier und Steinbock glauben gewöhnlich nur an das, was sie sehen, hören, riechen und fühlen können, an etwas Greifbares. Doch sind die Engel zweier Menschen, die kosmisch auf eine Vereinigung programmiert sind, sehr beharrlich und geben nicht auf, bis ihre Mission erfüllt ist.

Die natürliche Anziehung zwischen Steinbock und Stier sowie zwischen allen von der 5:9-Kombination beeinflußten Liebenden erweckt vielleicht den Anschein, daß ihre Beziehung frei von atmosphärischen Störungen ist. Das muß aber nicht unbedingt wahr sein. Der 5:9-Einfluß verleiht dieser Beziehung wegen der gegenseitigen Zuneigung ihrer Sonnenzeichen lediglich die Gabe, mehr Belastung ertragen zu können als die meisten anderen Sonnenzeichen. Spannungen werden leicht und mit weniger Bitterkeit gelöst, gegenseitig beigebrachte Wunden sind weniger schmerzhaft, und Versöhnungen sind öfter möglich. Die beiden haben auch ihre Probleme, doch müssen wirklich ernsthafte Schwierigkeiten auftauchen, um einen ständigen Bruch zwischen diesen beiden von einer 5:9-Sonnenzeichen-Kombination begünstigten Menschen herbeizuführen, wenn sie sich zu einem gemeinsamen Leben entschlossen haben.

Stier und Steinbock sind beide von dem gleichen Wunsch motiviert – Sicherheit. Emotionelle und finanzielle Sicherheit. Wenn nicht das Mond- oder Aszendentenzeichen von einem der beiden oder gar von beiden ein Wasser- oder Luftzeichen ist, besitzen sie gewöhnlich nicht die hochfliegende Phantasie, die von Dichtern und Träumern als absolute Notwendigkeit für romantische Liebe angesehen wird. Doch haben sie beide eine Eigenschaft, die besonders notwendig für die Festigkeit jeder menschlichen Beziehung ist – Geduld. Und Geduld ist eine Tugend, die Verehrung, Vertrauen und Treue hervorbringen kann – jene drei magischen Voraussetzungen, die aus einer unverbindlichen Affäre, die nur auf einer körperlichen Anziehung beruht, tiefe und dauerhafte Liebe werden läßt.

Auf den ersten Blick erscheint die Stier-Frau nicht so, als ob sie vor Gefühl überschäumen würde, doch sind sprudelnde Quellen davon in ihr, die der richtige Mann bloß entdecken muß. Obwohl sie nach außen nüchtern und sachlich erscheint, zeigt sich diese Empfindsamkeit in ihrer starken Anhänglichkeit an ihr Heim, ihren materiellen Besitz, ihre alten Liebesbriefe, ihre Kinder und ihren Mann. Sie widersetzt sich krassen Veränderungen, auch wenn sie damit einverstanden zu sein *scheint*. Doch auch geringfügige Veränderungen ihrer persönlichen Gewohnheiten liebt sie nicht. Denn was ist der Wunsch nach Veränderung anderes als fehlende gefühlsmäßige Bindung an bereits bestehende Dinge? Daher bedeutet ihr Widerstand genau das Gegenteil – ein Übermaß an Gefühl für das Bestehende und schon Vergangene. Und genau das ist die Eigenschaft, aus der Empfindsamkeit hervorgeht.

Gut, sie ist also sentimental. Und sanftmütig. Aber sie hat einen Dickkopf. Sie weiß, was sie will, und sie wird ihre Ziele verfolgen, auf ihre entschlossene, äußerlich ruhige und besonnene Weise. Die Stier-Frau kann warten, sie wird nie übereilt handeln, ein Charakterzug, den der Steinbock-Mann an ihr unwiderstehlich weiblich findet. Er verkörpert das Äußerste an weiblicher Sexualität – Passivität –, was für ihn die Unterwerfung unter seine dominierende, maskuline Stärke bedeutet. Diese Tatsache wird dem immer recht konservativen Steinbock gefallen und ihn reizen. Deshalb wird er auch ihre Halsstarrigkeit nicht bemerken, weil er von ihrer sanften Art und ihrem liebenswürdigen Auftreten so entzückt ist und sich selbst als mannhaften Eroberer sieht. Auch ihre tiefe, melodiöse Stimme und ihre bezaubernde Figur, die genau an den richtigen Stellen hübsch gerundet ist und zu Liebkosungen reizt, werden ihn beeindrucken. Darüber hinaus ist diese Frau gewöhnlich noch eine ausgezeichnete Köchin und hat einen reichen Humor.

Das Stier-Mädchen wird selten seine sorgfältig gehütete Energie darauf verschwenden, öffentlichen Beifall oder private Anerkennung zu suchen. Wenn sie sich einmal eine feste Meinung gebildet hat und sich im Recht glaubt, verlangt sie nur, daß man sie in Ruhe läßt; sie will nicht von denen belästigt werden, die anders denken als sie.

Der Steinbock-Mann versucht dagegen stets, öffentlichen Beifall oder private Anerkennung zu finden. Im geheimen möchte er den Gipfel seines Ziels oder seiner Träume erklimmen, dann die Macht an sich reißen, weit weg von der lärmenden Menge und nicht verärgert von dem kindischen Benehmen, das er überall sieht. Je ruhiger ein Steinbock ist., desto mehr sehnt er sich innerlich nach diesem Ziel. Sagen Sie ihm, daß er nicht geschätzt wird, und er wird, wie die Stier-Frau, mit den Schultern zucken. Vielleicht murmelt er dann auch in der gleichen Weise wie sie ein »Ist-mir-egal«. Doch in seinem Innersten fühlt er sich frustriert und flüchtet sich darüber in Zahnschmerzen oder Magenschmerzen, verletzt sich mehrmals die Woche am Knie oder bekommt nervöse Zuckungen. Er wird versuchen, die Meinung der anderen über ihn günstig zu beeinflussen, sobald er dazu eine Möglichkeit sieht, ohne den Eindruck zu erwecken, daß ihn diese Mißfallensäußerung etwa geärgert haben könnte. Respekt und Bewunderung von Geschäftspartnern, Freunden, Verwandten und Nachbarn ist lebenswichtig für den Steinbock. Der Stier weiß eine Anerkennung zwar auch zu schätzen, aber im Gegensatz zum Steinbock reagiert er auf gelegentliche Kritik oder Mißfallensäußerungen nicht zerknirscht. Die Stier-Frau kennt vielleicht sein Geheimnis, aber sie ist zu höflich und taktvoll, um ihm zu sagen, daß sie den Schmerz kennt, den er fühlt, wenn er von anderen nicht voll anerkannt wird. Viele Emotionen bleiben zwischen diesen beiden unausgesprochen – und sind doch tief und bindend . . . und werden durch Wege übertragen, die nur ihre Herzen kennen.

In der sexuellen Beziehung dieser beiden nimmt sie vielleicht manchmal unbewußt eine etwas herablassende Haltung ihm gegenüber ein. Die Stier-Frau ist besser für die Intimität der sexuellen Vereinigung vorbereitet als der Durchschnitts-Steinbock, weil ihre hochentwickelten Sinne des Hörens, Sehens, Riechens, Geschmacks und Berührens auch ihre Fähigkeit steigern, die Liebe auf sanfte Art körperlich auszudrücken. Auch ist sie geschickter als er, ihre Zuneigung durch gefühlvolle Worte und Gesten zu zeigen (obwohl sie es nicht übertreiben wird). Es werden sich aber, besonders zu Beginn ihrer Beziehung, selten Situationen ergeben, in denen sich der Steinbock durch ihre überlegene Begabung für rein erotische Sinnlichkeit als schlechter Liebhaber fühlt. Seine körperliche Annäherung ist intensiv und direkt, zeigt wenig Feingefühl. Er neigt dazu, die Erfüllung seiner Leidenschaft ohne Umschweife zu suchen, und obwohl es ihm nicht an Zärtlichkeit mangelt, könnte es manchmal doch so scheinen.

Doch Zärtlichkeit kann erlernt werden, wenn sie, wie immer bei Steinböcken, im verborgenen schon vorhanden ist. Sie kann unter seiner nüchternen und sachlichen Art begraben sein, doch ist sie ein wertvoller Schatz, der es wohl wert ist, mit Ausdauer gesucht zu werden. Wenn sie ihre großen Reserven an Geduld und Zärtlichkeit benutzt, um ihn zu führen, wird auch er sich eifrig bemühen, ihr Verlangen, das nicht weniger intensiv als das seine ist, in ihrer gemeinsamen sexuellen Vereinigung zu stillen. Für den Steinbock ist es nicht leicht, seine stärksten Sehnsüchte auszudrücken. Die Stier-Frau kann, wenn sie ihren Instinkten folgt, ihm helfen, die zurückgehaltenen Emotionen, die er so sehnsüchtig ausdrücken will, freizusetzen.

Eine falsche Vorstellung, die viele von Saturn beherrschte Steinbock-Menschen (beiderlei Geschlechts) hegen, ist ihre Neigung, zu erwarten, daß die Liebe traurige Erfahrungen bringt . . . wegen früherer erlittener Enttäuschungen. Da sein körperliches Verlangen so stark wie das aller Männer ist, kann das gelegentlich dazu führen, daß er Sex und Liebe trennt. Für ihn ist es recht praktisch, das Verlangen des Fleisches durch Sex zu befriedigen, ohne durch die Liebe schmerzhafte Wunden zu erleiden. Da sie von Venus beherrscht ist, trägt die Stier-Frau die Verantwortung dafür, ihren schüchternen, lustigen, liebevollen Steinbock die ewige Wahrheit zu lehren, daß diese beiden Verlangen nicht getrennt werden können, wenn sie beide vollkommen befriedigt werden wollen.

Hie und da begegnet man einem Steinbock, der völlig aus den irdischen Bausteinen Selbstsucht, Kälte, Sinn für das Praktische und aus Ehrgeiz zu bestehen scheint. Hie und da begegnet man einer Stier-Frau, die aus den irdischen Bausteinen Sturheit, gesunder Menschenverstand, Ehrgeiz und alten Gewohnheiten zu bestehen scheint. Doch in beiden Fällen sind dies nur Masken, um die Liebe auf Distanz zu halten, und genau so wollen es auch diese beiden.

Dieser Mann und diese Frau messen ihren Herzen zuviel Wert bei, um sie einfach bei einer Versteigerung zu veräußern. Doch wenn eine Stier-Frau zärtlich die Hand des Steinbocks ergreift und ihm tief in die Augen sieht, still . . . schenkt der Steinbock ihr gern sein Herz. Und ebenso wird sie ihm ihr Herz schenken, wenn sie entdeckt, daß er ihr wohlgehütetes Geheimnis (so wohlgehütet wie sein eigenes) erraten hat – daß auch sie romantische Träume träumt.

Stier-Mann – Steinbock-Frau

Die praktische Art des Stier-Mannes wird mit Erregung (so viel Erregung, die ein Stier aufbringen kann) auf die praktische Art der Steinbock-Frau reagieren. Er bewundert ihre Selbstgenügsamkeit, ihre wohlerzogene, würdevolle Zurückhaltung fesselt ihn, wie auch ihre sanfte Schönheit. Der Stier mag es nicht, wenn er etwas zu leicht haben kann, einschließlich Liebe. Die Liebe dieser Frau ist nicht leicht zu erlangen. Da der Stier glaubt, daß nichts von großem Wert ist, für das man nicht hart arbeiten muß, um es zu bekommen und zu halten, wird ihm die Steinbock-Frau sofort gefallen. Es ist schwierig, ihre Zuneigung zu gewinnen, da sie ihr Inneres weder leicht noch schnell offenbart. Offensichtlich betrachtet sie der Stier als einen Preis, der es wert ist, erkämpft zu werden.

Doch wird er nicht mit dem gleichen Eifer der Erregung auf ihren offensichtlichen Mangel an Empfindsamkeit reagieren. Trotz seines scheinbaren Desinteresses an rührseligen Liebeserklärungen ist der Stier doch das sentimentalste aller Sonnenzeichen. Er trägt sein Herz nicht in der Hosentasche, sondern hat es auf dem rechten Fleck, wenn auch außerordentlich gut verborgen.

Die Steinbock-Frau wird sich weder von nostalgischen Erinnerungen an eine verflossene Liebesaffäre noch von den alltäglichen Erinnerungen an eine noch blühende Liebe überwältigen lassen. Das soll jedoch nicht heißen, daß sie zu keiner tiefen, innigen Liebe fähig ist. Ihre Treue ist sprichwörtlich, wenn sie einmal jemanden findet, den sie für würdig hält, geliebt zu werden. Sie kann auch zärtlich, fröhlich, sanft und liebevoll sein, alles typisch weibliche Eigenschaften. Schließlich ist der Steinbock auch ein weibliches Zeichen. Aber er ist auch ein negatives Erdzeichen und ein Kardinalzeichen; das bedeutet, daß sie sich nicht gern von einem Mann dominieren läßt; auch wird sie sich nicht auf Gefühle einlassen, die ihre Urteilsfähigkeit beeinträchtigen oder sie dazu veranlassen, einen Fehler zu begehen.

Die Steinbock-Frau ist ungeheuer praktisch veranlagt und besitzt einen überaus gesunden Menschenverstand.

Der Stier-Mann bewundert ihren gesunden Menschenverstand und ihren Sinn fürs Praktische, weil auch er diese Fähigkeiten besitzt, aber er ist wahrscheinlich schockiert (oder verletzt) über ihren Mangel an Empfindsamkeit. Dies kann ihn zu einem ständigen Auf und Ab in seinen Gefühlen ihr gegenüber treiben.

Eifersucht ist bei diesen beiden wahrscheinlich kein Problem. Weder der Stier noch der Steinbock ist tödlich getroffen, im emotionellen Sinn, wenn der Partner ein einziges Mal untreu wird, so wie es ein Feuer- oder Wasserzeichen sein würde. Die beiden fühlen sich eher, als hätte ihnen jemand einen wertvollen Besitz geraubt. Der Stier macht keinen Unterschied in seiner Entrüstung, ob ein Eindringling nun die Zuneigung seiner Frau oder seinen Wagen oder sein Scheckheft stiehlt. Ein Steinbock-Mädchen wird ebenso verärgert sein, wenn eine Frau mit ihrem Mann flirtet, als wenn sie diese dabei ertappt, daß sie gerade ihre von der Mutter geerbte Bettdecke oder die antike Uhr von ihrem Vater stiehlt.

Wenn man erkennt, wie schmerzhaft es für den Stier oder den Steinbock ist, sich von Geld oder von materiellen Dingen trennen zu müssen, kann man verstehen, daß Untreue für sie nicht das Allerschlimmste ist. Weder Steinbock-Frau noch Stier-Mann neigen dazu, eine sichere Beziehung oder eine Ehe wegen einer einzigen Treulosigkeit über Bord zu werfen.

Sexuell passen die beiden sehr gut zusammen; ihre körperliche Beziehung ist für gewöhnlich befriedigender, wenn der Mann Stier und die Frau Steinbock ist, und nicht umgekehrt. Er ist ein ruhiger, sinnlicher Liebhaber, voller erotischer Fähigkeiten, um ihre Leidenschaft zu wecken, doch auch in der Lage, sich selbst mit ehrlicher Zuneigung, mit Respekt vor dem Sex (und vor ihrer Weiblichkeit) auszudrücken, wie sie es verlangt. Sie ist weder die Frau, die stundenlang einleitende Liebesbeteuerungen und sentimentales Geflüster vor ihrer körperlichen Vereinigung erwartet, noch wird sie von ihrem Liebhaber oder Ehemann verlangen, daß er Stunden damit verbringt, sie schlaftrunken zu liebkosen, nachdem die Leidenschaft ihrer Liebe erfüllt ist. Das natürliche, stille Gefühl der Gemeinsamkeit, das der sexuellen Vereinigung folgt, befriedigt sie und gibt ihr ein Gefühl der Vollkommenheit. Es ist kein Wunder, daß diese Frau den Stier erfolgreicher ködern kann als eine flammende Feuerzeichen-Frau (die ihm vielleicht Angst einjagt) oder ein veränderliches Luftzeichen-Mädchen (das ihn vielleicht verwirrt).

Der Stier braucht jedoch vielleicht mehr als fünf Minuten, um *ihr seine* Verehrung zu zeigen. Da die Steinbock-Frau nicht dazu neigt, sich vor ihren ehelichen oder vor anderen Pflichten zu drücken, wird sie versuchen, sich der ruhigeren Art des Stiers anzupassen. Manche Steinbock-Frau neigt dazu, wegen bitterer Erinnerungen an Liebesleid in ihrer Jugendzeit, Sex von der Liebe zu trennen. Vielleicht ist der Stier in einer ähnlichen Lage, und sogar aus dem gleichen Grund. (Stiere und Steinböcke haben ein unglaubliches Erinnerungsvermögen.) Aber gemeinsam können sie einander lehren, wie gut ihre Wünsche und Träume zusammenpassen; sie wird durch seine Zärtlichkeit neue romantische Träume träumen können, während er allmählich die schmerzhaften Erinnerungen an die Vergangenheit vergißt, wenn die zärtliche Steinbock-Frau diese durch warme, liebende Bilder zukünftiger Erinnerungen ersetzt.

Der typische Stier ist seiner Familie ungewöhnlich treu ergeben, was ein gutes Zeichen ist, da es ihm helfen wird, die Anhänglichkeit der Steinbock-Frau an ihre Familie zu tolerieren. Denn die Steinbock-Frau wird sich noch um ihre Familie sorgen, wenn sie selbst schon über hundert Jahre alt ist. Wenn nicht ein traumatisches und tragisches Erlebnis in ihrer Jugendzeit eine Neurose oder bittere Enttäuschung hinterlassen hat, werden diese beiden und ihre Familien nie einsam sein, und das Gästezimmer wird immer belegt sein. Der Stier wird wohlwollend mit dem Verhalten seiner Steinbock-Frau ihren oder seinen Verwandten gegenüber einverstanden sein.

Die Stier-Wassermann Beziehung

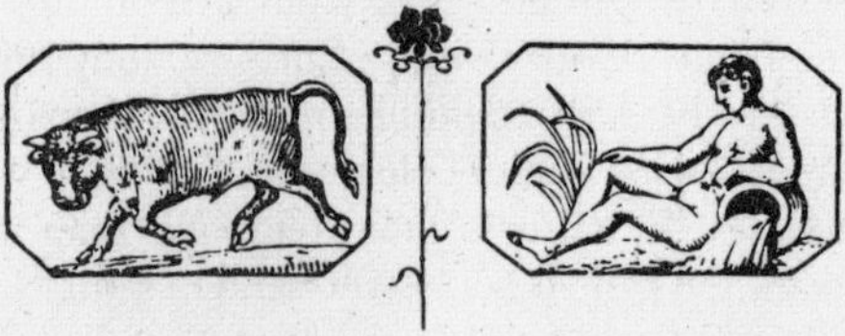

Die seltene Fähigkeit, in die Welt von morgen sehen zu können, während man ganz bewußt in der heutigen Welt lebt, erfordert *Intelligenz, Instinkt* und *Phantasie*, als Dreiheit vereint – der Wassermann besitzt diese drei Eigenschaften. Nur der Wassermann kann *Intelligenz, Instinkt* und *Phantasie* zur Dreiheit verbinden, und das erlaubt ihm, ein dreidimensionales Bild von Vergangenheit, Gegenwart und Zukunft zu formen, das perfekt synchronisiert ist. Und deshalb wird der Wassermann auch das »Zeichen des Genies« genannt.

Was den Stier angeht, so können wir seine Position in Zeit und Raum schnell abstecken. Der Stier lebt in grundsolider, greifbarer Form im Hier und Jetzt. Das Vorher und Nachher berührt ihn nicht. Eine einzige Dimension ist gewöhnlich zufriedenstellend für den männlichen wie auch den weiblichen Stier. Für diesen Mann und diese Frau gibt es genug Probleme zu lösen, und zwar jetzt in der Gegenwart, nicht in Vergangenheit und Zukunft. Das Morgen wurde für andere geschaffen. Für den Stier wird das Morgen aber vielleicht nie kommen. Um das Heute sollte man sich kümmern. Sogar ein seltener »übersinnlicher Stier« steht mit beiden Beinen fest auf der Erde.

Anders als der Wassermann wirkt der Stier weder verschroben noch geistesabwesend. Die Augen des Stiers zeigen nicht den vagen Ausdruck des Wassermanns. Sie sind weich, klar – und manchmal zusammengekniffen, wenn der Stier in Rage ist (was selten vorkommt, doch wenn es einmal geschieht, dann so heftig, um die Seltenheit mit Intensität auszugleichen). Aber der

Stier spricht oft in unverständlichem, einsilbigem Gemurmel. In dieser Hinsicht haben die beiden also eine gewisse Ähnlichkeit. Beide sind in einem festen Zeichen geboren, und das verleiht ihnen auch gemeinsam ein gewisses Festsein in ihren Absichten (vielleicht gefällt Ihnen das Wort Eigensinn besser). Außer diesen Ähnlichkeiten sind sie so voneinander verschieden, wie zwei Menschen es nur sein können, und doch erkennen sie sich gegenseitig als Bürger des gleichen Planeten wieder (ich muß, in aller Ehrlichkeit, hier aber auch zugeben, daß sich Stier und Wassermann manchmal *nicht* als Bürger des gleichen Planeten wiedererkennen). Der Stier möchte den Status quo beibehalten, der Wassermann möchte ihn ändern.

Der Stier neigt nicht dazu, viel Worte zu machen, sein ganzes Wissen Fremden gegenüber auszubreiten. Aber die praktische Einstellung und der gesunde Menschenverstand des Stiers, die er so vorsichtig errungen und sorgfältig in seinem Kopf verstaut hat, sind nichtsdestoweniger mächtige geistige Werkzeuge, wenn er versucht, sie zu schärfen, und damit ein Haus errichtet, ein finanzielles Reich aufbaut, eine Karriere – oder eine gefestigte Liebes- oder Freundschaftsbeziehung. Die Frage stellt sich jedoch, was der Stier einem Wassermann bei einer kurzen Bekanntschaft zu sagen bereit ist, bis er genug Zeit hat, sich zu entscheiden, ob der Wassermann die erforderliche Energie zu einem weiter führenden Gespräch wert ist.

Was den Wassermann angeht, so wissen die von Uranus beherrschten Menschen immer mehr, als sie unachtsam hervorsprudeln würden. Sie finden ihren Spaß am Leben, in der Art und in der Sprache zu sprechen, die ihnen für eine bestimmte Gelegenheit als passend erscheint. Jedenfalls werden der Stier und der Wassermann sich mit sich selbst oder mit dem Rest der Welt auf die ihnen genehme Art verständigen – wann und wie es ihnen paßt.

Es handelt sich hier um eine 4:10-Sonnenzeichen-Kombination, was bedeutet, daß Verträglichkeit und Verständnis zwischen diesen beiden nur mit einiger Mühe zu erlangen sind – und diese Mühe wird belohnt mit dem Gefühl, etwas wirklich Wertvolles errungen zu haben. Nehmen wir an, das Eis zwischen ihnen sei gebrochen, wie können sie dann die Schüchternheit des Stiers und die geistige Distanziertheit des Wassermanns überwinden, um endlich als Einheit handeln zu können? Das hängt von verschiedenen Faktoren ab. Erst einmal legt der Stier eine wesentlich größere Zurückhaltung an den Tag als der typisch freundliche, gesellige Wassermann. Sogar ein schüchterner Wassermann betrachtet jedermann als »Freund«, vom Briefträger bis zum Minister. Der typische Wassermann hat keine Vorurteile bei der Wahl seiner Kameraden. »Kameraden« ist ein Ausdruck, mit dem Uranus-Menschen Partner, Ehemänner, Ehefrauen, Katzen, Hunde, Eichhörnchen, Kinder, Nachbarn, Delphine, Krokodile, Taschendiebe, Verwandte usw. bezeichnen. Alle sind »Kameraden«. Manchmal variiert er auch mit »mein Kumpel«, »mein Spezi«, »mein alter Kamerad«, »mein guter Kamerad« – aber nie »mein bester Freund«. Der Wassermann fühlt sich keinem besonders verbunden, da er ja seine Freunde auch nicht bewußt auswählt; also wird niemals einer sein »bester Freund«.

Der durchschnittliche Stier-Mann braucht Jahre, um einen Freund zu finden – einen wirklichen Freund, Verwandte und gelegentliche Bekanntschaften nicht gerechnet. Der Wassermann braucht ungefähr fünf Sekunden, um »Hallo, Kamerad« zu sagen. Damit hat er Ihnen alles gesagt, was er weiß, in Uranus-Sanskrit natürlich oder vielleicht in Wassermann-Hieroglyphen – und jetzt sind Sie Freunde, oder? Der Stier ist mißtrauisch gegenüber Freundschaften, die übereilt geschlossen, zu leicht genommen werden oder zu locker abgegrenzt sind.

Wenn die Geburtshoroskope der beiden eine harmonische Sonne-Mond-Aszendenten-Beziehung aufweisen, werden sie schließlich vielleicht die gleiche Sprache sprechen, und es wird ihnen möglich sein, sich zu verständigen. Sogar ohne Hilfe eines günstigen Planeten- und Aszendenten-Einflusses und anderer harmonischer Aspekte in ihren Geburtshoroskopen werden sie sich gegenseitig viel lehren können, und ihre gegenseitige Erziehung wird sowohl geistig als auch emotionell stimulierend sein – und ihre Erfahrungsbereiche werden erweitert.

Stehen die Planeten und Aszendenten dieser beiden im Quadrat oder in Opposition, so müssen die beiden lernen, sich vor gegenseitigen Fehleinschätzungen zu schützen. Der Stier wird stutzen vor der luftigen Nonchalance des Wassermanns, der vielleicht den Eindruck erweckt, auf den Stier herabzusehen und ihn bevormunden zu wollen. Der Wassermann braucht eine feste Hand, die ihn davor bewahrt, den schmalen Grat zwischen Genie und Wahnsinn zu überschreiten, wenn der Stier ihm das Gefühl gibt, er schleppe die Mißbilligung des Stiers wie ein Gewicht bei seinen Ausflügen in Raum und Zeit mit.

Stier-Frau – Wassermann-Mann

Den Wassermann-Mann kann aufgrund seiner Intuition nichts überraschen. Aber er ist vielleicht nicht darauf vorbereitet auf das, was ihn erwartet, wenn er sich für eine Weile mit einer Stier-Frau einläßt. Hier ist er, ein Mann mit festen Ethikbegriffen (sie sind vielleicht außergewöhnlich, doch sind sie seine eigenen und deshalb fest - er ist ja in einem festen Zeichen geboren). Ihn interessiert die gesamte Menschheit. Er interessiert sich für jeden, hat keine Vorurteile dem weiblichen Geschlecht gegenüber, auch nicht gegenüber dem männlichen.

Die Stier-Frau wurde von Mutter Natur für die Liebe geschaffen, und sie ist nicht die Frau, die sich auf einen Streit mit Mutter Natur einläßt. Seinen Fehler hat er ihr gegenüber schon gleich zu Beginn gemacht. Als er seine launenhafte, doch auch schmeichelhafte Aufmerksamkeit voll auf sie konzentrierte und ihr schockierende Fragen intimer Art stellte, hätte er sich besondere Mühe geben sollen – um zu erkennen, daß sie eine Frau ist. Sie ist sich bestimmt bewußt, daß er ein Mann ist.

Wassermänner brauchen vielleicht eine Erklärung des Wortes »Berühren«. Es bedeutet küssen, Händchen halten, umarmen und ähnliches. Es bedeutet körperlichen Kontakt. Körperkontakt ist etwas, das die meisten Wassermann-Männer ebenso fürchten wie die Pest. Es ist nicht so, daß der Wassermann gegen das Berühren selbst ist, aber es führt dazu – wie es meist genannt wird –, eins zu werden. Oder irgend so ein Unsinn. Der Wassermann fühlt sich sicherer, wenn zwei auch zwei bleiben. So ist er wenigstens sicher, wo er steht. Allein. Frei von Verpflichtungen und nicht in Gefahr, seine Individualität zu verlieren. Vielleicht hat er sich ihr in der Absicht gewidmet, herauszufinden, was in ihr vorgeht, mit der gleichen Faszination, die er für jede Art des Experimentierens hat. Doch sie hat nicht erkannt, daß sie für ihn nur ein Objekt der Neugier war. Als er sie einlud, die eigene Pizza und den Rotwein mitzubringen, um von seinem Fenster aus den Festzug mit anzusehen, dachte sie, er wäre – um ehrlich zu sein – ein wenig verrückt. Aber es war eine nette Art der Verrücktheit, und als sie es sorgfältig bedachte (wie der Stier es immer tut), kam sie zu dem Schluß, daß er nicht jedes Mädchen einladen würde. Also mußte es Liebe sein.

Vielleicht war es Liebe. Doch der Wassermann hat eine Art, Liebe-auf-den-ersten-Blick in Freundschaft zu verwandeln, als eine Art Test auf einen tieferen Wert, um sie dann auf sich beruhen zu lassen. Für die Stier-Frau ist diese Vernachlässigung des emotionellen Verlangens der sichere Weg, sich zu verlieren. Sie glaubt, daß die wahre Liebe nur einmal im Leben vorkommt. Warum sollte man also riskieren, sie zu verpassen, wenn man sie nicht erkennt und ihr eine Chance gibt?

Es gibt Ausnahmen, doch die durchschnittliche Stier-Frau, die mit einem Wassermann unglücklich ist, ist verwundbarer als der Wassermann. Hat sie sich einmal verliebt, so erwartet sie, daß diese Liebe auf ewig hält. Das wäre auch seine feste Absicht zu Beginn gewesen, hätte er nicht den Drang zu exzentrischen Handlungen, die sie vielleicht nicht erwartet, da er sie selbst nie voraussagen und auch nicht erklären kann. Er ist ein festes Sonnenzeichen, daher ist es denkbar, daß er mit der richtigen Frau ein ganzes Leben lang glücklich ist. Aber wenn er nicht glücklich ist, wird ihm der Einfluß des Uranus die endgültige Trennung viel leichter machen als ihr.

Der Wassermann paßt sich Veränderungen, wenn sie nötig sind (manchmal sogar auch, wenn sie nicht nötig sind), leicht an, trotz seines Festhaltens an täglichen, persönlichen Gewohnheiten. Die Stier-Frau kann das nicht. Sie fürchtet Veränderungen. Sie bedeuten Neues, Fremdes, Unversuchtes und wenig Vertrautes. Sie fühlt sich emotionell gesichert, wohlbehütet und beschützt in den Armen ihres Geliebten, nachdem sie einmal die Intimität gemeinsam erlebt haben. Sie hat sich an ihn gewöhnt. Genauso, wie sie sich an ihre Frisur, ihre ausgewaschenen Jeans, ihre alten Platten, ihre angeschlagene Kaffeekanne und ihre ausgetretenen Tennisschuhe gewöhnt hat, mit viel tieferen Gefühlen natürlich. Sogar, wenn in dieser Beziehung so viele Reibereien auftauchen, daß es unerträglich wird, wird sie den Schlußpunkt dieses Dramas durch Trennung oder Scheidung so lange hinausschieben, wie sie noch einen Funken Hoffnung zu sehen glaubt. Man muß ihre Ausdauer bewundern. Doch hat sie sich einmal dazu durchgerungen, ihn zu verlassen, geht sie auch. Und nichts wird sie jemals umstimmen, wenn sie diese Trennung ernst gemeint hat und es nicht nur versucht, als ein letztes, verzweifeltes Hilfsmittel. Wenn es das letztere ist, werden ihre Treue und ihre Bemühungen vielleicht belohnt werden, da eine vorübergehende Unterbrechung die Monotonie aufhebt und ihn zwingt, neues Interesse an der veränderten Situation zu zeigen. Es ist eine Strategie, die manche Stier-Frauen mit Erfolg benützen; oft gehen sie sogar so weit, eine Liebesaffäre mit einem gutaussehenden Gigolo-Typen vorzutäuschen. Das hat oft die Wirkung, daß der Wassermann aus seiner Welt dort draußen zurückeilt und ihn die Möglichkeit sehen läßt, daß er mehr verliert als nur eine bequeme Freundschaft.

Ihre sexuelle Beziehung mag frustrierend und unerfüllt sein, wenn sie sich nicht darum bemüht, sich seinem Drang nach Veränderung und Verrücktheit anzupassen. Wenn er sie damit überrascht, eine Donald-Duck-Maske im Bett aufzusetzen, oder wenn er seine weiße Maus unter die Bettdecke steckt, damit sie an ihren Füßen knabbert, sollte sie nicht gleich verärgert sein oder im Gästezimmer schlafen. Sie sollte ihn sofort mit ihren kleinen Überraschungen schockieren, wie zum Beispiel sich im Bett seinen Löwenzahn ins Haar stecken – eine Bettdecke aus dem Union Jack nähen und sie mit einer Musikbox verbinden, die die Nationalhymne spielt, wenn sie auf einen Knopf drückt, oder vielleicht die Decke im Schlafzimmer mit leuchtenden Sternen bemalen, wie im Planetarium, damit er nach dem Großen Bären suchen kann, während sie sich lieben. Oder irgendeine andere Abwechslung. Er muß sich die Zeit und die Geduld nehmen, ihr tiefes Verlangen nach Zuneigung und das Sinnliche in ihrem Liebesspiel zu verstehen und zu erfüllen. Sie braucht die Bestätigung der Liebe auch außerhalb ihrer sexuellen Vereinigung. Aber dieser Mann kann ein empfindsamer, rücksichtsvoller Liebhaber sein, wenn das Stier-Mädchen etwas mehr versucht, seine wenig sexuelle, emotionelle und romantische Einstellung zu tolerieren. Sie muß sich darüber klar werden, daß seine Uranus-Leidenschaft geistig ebenso wie physisch ist, und sie muß phantasievolle Wege finden, seine abstrakten Wünsche mit ihrem mehr zentrierten und traditionellen Verlangen zu verbinden. Es ist eine ständige Herausforderung, diesen Mann zu reiner, himmelstürmender Leidenschaft zu führen, aber es ist die Mühe wert, da der Wassermann zur sexuellen Einheit unerwarteten Zauber beitragen kann, der Herz und Seele ebenso wie die physischen Sinne erregt.

Diese beiden sind verschieden. Sie ist eine Frau, er ein Mann. Sie möchte von ihm wie eine Frau behandelt werden, er von ihr wie ein Mann. Sie verdient es. Er vielleicht nicht. Sie liebt dicke Teppiche und Plüschmöbel. Er würde ebenso gern draußen im Zelt schlafen. Sie möchte ihre Haut mit einer duftenden Bürste schrubben, in einer Badewanne mit parfümierten Badeölen. Er schlägt seine Haut lieber mit Bambusblättern, nach japanischer Art, unter der Dusche. Sie ist ganz auf Ruhe und Frieden eingestellt – was er Langeweile nennt. Er ist auf Aufregung und Kontroversen eingestellt – was sie Irrsinn nennt.

Sie verliert vielleicht ihr gut kontrolliertes Temperament und ihre Geduld und sagt ihm dann, er soll sich eine andere suchen. Doch kann er ihr beibringen, alles nicht so schwer zu nehmen, und sie kann ihn lehren, wie man zusammenfindet.

Stier-Mann – Wassermann-Frau

Eine Wassermann-Frau ist eine besondere Frau, die einen besonderen Mann braucht. Dann gibt es wieder welche, die behaupten, sie sei eine leicht überdrehte Frau, die einen supergeduldigen Mann braucht.

Die meisten dieser Leute, die dies behaupten, sind wahrscheinlich Stiere, die sich selbst anpreisen, indem sie daran erinnern, daß *sie selbst* supergeduldig sind, zuzüglich ihrer anderen Tugenden. Die Persönlichkeit des weiblichen Wassermanns ist einmalig, und für die meisten von uns bedeutet einmalig auch besonders. Für ein Erdzeichen bedeutet einmalig jedoch auch unheimlich. Seltsam. Unglaublich. Es ist nur eine Frage der Definition. Das Wichtigste, was der Stier nicht vergessen darf, ist, daß diese Frau anders ist. Sie erregt die Neugier des männlichen Stiers, weil sie geheimnisvoll ist. Es ist nicht das gleiche Geheimnis, das er bei einer Skorpion-Frau spürt – das Geheimnis der Frage, ob sie gut oder böse ist, kalt oder warm. Bei der Uranus-Frau ist das Geheimnis die Frage, ob sie wirklich ist. Es fasziniert ihn.

Da sie in Sachen Liebe ebenso wie auf anderen Gebieten Individualist ist, stellt sie ihre eigenen Regeln für die Liebe auf. Ob sie in den Augen anderer Leute nun prüde oder sexuell freizügig erscheint, sie ist zu sich selbst immer ehrlich und handelt danach. Es ist eben diese Eigenschaft, dieses »Ehrlich-zu-sich-selbst-Sein«, und ihre Integrität, die den Stier zur Wassermann-Frau hinzieht, und das veranlaßt ihn auch, ihre Spielregeln für die Liebe, auch wenn sie ihm gegen den Strich gehen, zu akzeptieren. Er betrachtet sie als einen der wenigen, wirklich ehrlichen Menschen, die es noch auf dieser Welt gibt.

Es ist wahr, daß sie feste Absichten und Ziele verfolgt, da sie, wie auch der Stier, in einem festen Zeichen geboren wurde. Auch organisiert sie ausgezeichnet (trotz ihrer scheinbar verwirrenden Art), und genau wie er liebt sie es, Dinge zu sammeln und aufzuheben. Nicht weil sie sparsam ist – oder aus irgendeinem anderen vernünftigen und praktischen (für den Stier) Grund. Sie sammelt und hebt nur Dinge auf, die ihre Phantasie beflügeln. Sie liebt Antiquitäten, und sie sammelt eine Menge anderer Dinge, wie zum Beispiel eine alte Musketier-Mütze, den Rasierbecher ihres Vaters, das Nacktfoto, das eine Freundin aufgenommen hatte, als sie einmal ein Sonnenbad nahm. Ihre Liebe zu Antiquitäten (wenn sie eine typische Wassermann-Frau ist) kann den Stier dermaßen verärgern, daß er in tiefe Frustration und ungeheuere Erbitterung verfällt. (Alles, was der Stier tut, tut er in großem Maßstab.) Diesem Mann gefällt vielleicht die Tradition der Vergangenheit, gut verarbeitete Möbel, die von Handwerkern gezimmert wurden, um mehr als nur drei Wochen zu halten, aber er hält nichts von zerbrechlichen, zierlichen Antiquitäten, die auseinanderfallen, wenn man sich daraufsetzt. Mancher Stier ist schon von einem etwas wackligen Stuhl gefallen, den seine Wassermann-Frau gekauft hat – während er gerade den Börsenbericht in der Abendausgabe seiner Zeitung las.

Erinnern wir uns, daß diese beiden von einer spannungsreichen 4:10-Sonnenzeichen-Kombination beherrscht und oft zu Auseinandersetzungen getrieben werden. Beide sollten sich bewußt sein, daß ihr Temperament mit ihnen durchgehen kann, wenn sie es am wenigsten erwarten. Der Stier überrascht und schockiert immer, wenn er wirklich zornig wird, einfach deshalb, weil seine Wutausbrüche so selten vorkommen. Die Wassermann-Frau neigt auch dazu, ihren Liebhaber oder Ehemann mit ihrem Zorn zu schockieren oder zu überraschen, nur weil sie von Uranus beherrscht ist, und beinahe alles, wozu sie Uranus treibt, geschieht ohne vorherige Warnung. Sie kommt nach fünf Minuten wieder zurück, ihr Zorn ist verraucht, und bringt ihm ein Geschenk mit, ein Friedensangebot – vielleicht einen jungen Hund, den sie auf der Straße aufgelesen hat. Ist der Hund niedlich und tolpatschig, wird der Stier-Mann vermutlich dahinschmelzen, ihn - und auch sie – an sich drücken und sagen, daß sie ihn behalten kann, wenn sie verspricht, sich um ihn zu kümmern. Sie wird es versprechen, zärtlich . . . und der Frieden ist wiederhergestellt. Aber es könnte auch nur ein vorübergehender Waffenstillstand sein, wenn nicht ihre Sonnen, Monde und Aszendenten unter einem harmonischen Aspekt stehen. Ist dies nicht der Fall, so werden die beiden einige Selbstdisziplin zeigen und sich darüber klar sein müssen, daß »unbeständig« kein Wort mit elf Buchstaben ist, das sich auf Glück reimt.

Kehren wir zu der gemeinsamen Neigung der beiden zurück, Dinge aufzuheben. Ebenso wie sie liebt auch der Stier, alte Erinnerungen in Form von Trödel aufzuheben, obwohl er schüchtern und stur vorgeben wird, sie hätten einen vernünftigen Grund. Sie haben keinen, aber sie sollte ihn daran *glauben* lassen. (Krebse heben auch gern Dinge auf, aber aus anderen Gründen.) Also gut. Beide sind in einem festen Zeichen geboren, können daher gut organisieren und neigen zur Sammelleidenschaft. Was jedoch die Eigenschaft der Zuverlässigkeit angeht, ist der Wassermann das schwarze Schaf in der Familie der festen Zeichen. (Schwarzes Schaf ist kein negativer Ausdruck – es sind die Schafe, die den Mut haben, anders zu sein.) Die anderen drei festen Zeichen Stier, Löwe und Skorpion sind wirklich zuverlässig, doch in diesem Punkt ist der Wassermann anders.

Sie wird alles versuchen, ein Versprechen zu halten, und größte Anstrengungen unternehmen, um pünktlich zu einem Rendezvous zu erscheinen. Sie widerruft selten etwas, was sie einmal gesagt hat, wenn sie es wirklich gemeint hat, als sie es sagte, und das ist bewundernswert. Doch ihre Exzentrik in Kleidung und Verhalten, die plötzlichen Uranus-Zicken in ihrem Benehmen, ihre unerwarteten Meinungsänderungen und die Überraschungen, die sie einem mit Vergnügen bereitet, können nicht als verläßlich bezeichnet werden, eher als unstet.

Der Stier-Mann ist in der Regel konventionell gekleidet, sein Verhalten ist voraussehbar, er mag keine Zicken, und nicht einmal sein ärgster Feind könnte ihn exzentrisch nennen. Der Stier ist im Herzen ein Konformist, und deshalb stürzt ihn das Wassermann-Zeitalter in Verwirrung.

Der Grund jedoch, daß sie nicht beunruhigt ist, liegt darin, daß das Wassermann-Zeitalter schließlich *ihr* Zeitalter ist, und da sie selbst eine Wassermann-Frau ist, weiß sie, daß es nicht nötig ist, sich an irgend etwas anzupassen, wenn man nicht *will*. Sie war immer glücklich, am Meer zu leben, ohne sich an Freunden zu stoßen, die die Berge vorziehen. Sie trug das Haar immer, wie sie es wollte, ob ihre Freunde nun mit Glatze oder mit Zöpfen herumliefen. Was soll daran falsch sein, wenn man am Sonntag die Kirche besucht und danach mit einem Atheisten zum Essen geht? Wenn sie ihm nur klarmachen könnte, daß er nicht so bestürzt sein sollte über das, was in der Welt vor sich geht – daß es gerade der Anfang einer neuen Ära der Selbstverwirklichung ist, ob man nun konservativ oder liberal eingestellt ist, barfuß oder gestiefelt, lange Haare oder Militärschnitt trägt. Es bedeutet einfach leben – und leben lassen.

Nun, den letzteren Teil versteht der Stier. Er ist gern bereit, zu leben und leben zu lassen, solange er nur ein wenig brummen kann, wenn ihm etwas nicht paßt. Sie sind beide geneigt, »die

Dinge laufen zu lassen«, aber sie sollten diese Philosophie auch auf sich selbst anwenden, ebenso wie auf die Welt, und nicht immer die Überzeugungen des anderen lächerlich machen. Wie bei allen 4:10-beeinflußten Paaren beeinträchtigen diese beiden gegenseitig etwas in ihrer Entfaltung, und das verärgert.

Ihre Wassermann-Neigung zum Abstrakten dehnt sich auch auf ihre Sexualität aus, und da es überhaupt nichts Abstraktes im sexuellen Verlangen des Stiers gibt, kann das zu Unstimmigkeiten führen. Sie ist nicht die Frau, die von Sinnlichkeit und Erotik besessen ist, obwohl sie vielleicht neugierig darauf ist. Ihre Einstellung zur Liebe ist luftig und kompliziert, seine einfach und irdisch. Das körperliche Verlangen ist bei Wassermännern nie so stark wie bei Stieren. Doch gibt es etwas in der warmherzigen, liebevollen Natur des Stiers, das ihr Herz berührt und sie wünschen läßt, ihm zu gefallen.

Und es gibt etwas in ihrer ungewöhnlichen Leidenschaft, so ehrlich und direkt, das aus dem Stier zärtliche Toleranz hervorbringt, eine Art Beschützerbedürfnis, das seiner Männlichkeit bestimmt keinen Abbruch tut.

Sie kann ihn eines Nachts mit ihrem feurigen Liebesdurst überschütten und danach erscheinen, als würde sie sich seiner Berührung entziehen. Er ist sich vielleicht nicht bewußt, daß ihr körperliches Verlangen dadurch angeregt wurde, weil er beim Frühstück lustig vor sich hinpfiff, während er umständlich eine Apfelsine schälte (Stunden vor der Bettgehzeit) - oder erregt von den Märchenbildern, die der Winter an das Fenster gezaubert hat –, und erloschen durch die Nachrichten, die sie gerade vor dem Abendessen gehört hat, daß viele Millionen Kinder und Babies überall in der Welt zu jeder Stunde sterben. Und *sie* ist sich vielleicht nicht bewußt, daß der Stier mehr braucht als ein paar flüchtige Zärtlichkeiten, um glücklich zu sein. Sie soll sein Haar kraulen, seine Hand halten, seine Nase küssen, ihm zärtliche, liebevolle Worte ins Ohr flüstern – regelmäßig.

Wieviel Liebe diesen Mann auch umgibt, er ist immer begierig nach mehr. Doch wie sehr sie ihn auch verehrt, die Wassermann-Frau ist dazu gezwungen, ihre Liebe ihren Freunden, der gesamten Menschheit zu schenken.

Die Stier-Fische Beziehung

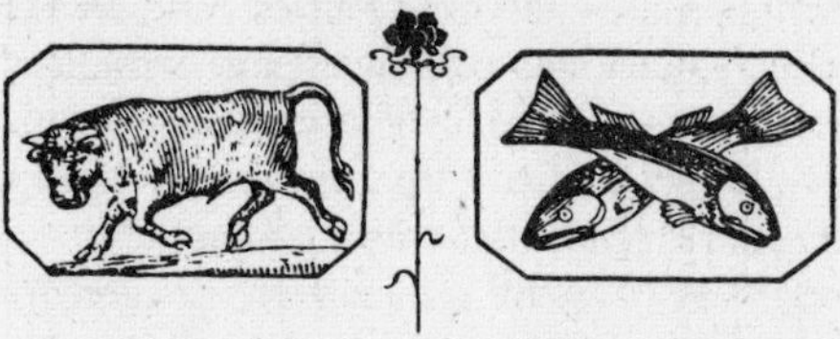

Ja, sie sind zu dritt, da das Zeichen Fische ein Doppelzeichen ist, das von zwei Fischen symbolisiert wird, die in entgegengesetzter Richtung schwimmen. Zum einen stellt dieses Symbol die machtvolle Polarität geistiger und menschlicher Eigenschaften der Fische dar, die miteinander in Einklang gebracht werden müssen, zum anderen deutet es die Versuchung der Fische an, sich eher ohne Anstrengung flußabwärts treiben zu lassen, als sich auf die schwierigere Reise flußaufwärts zu begeben, um den Berg der Erleuchtung zu erreichen.

Der Fisch strebt über die Grenzen irdischen Wissens hinaus, da er in einem Wasserzeichen geboren ist, und Neptun (sein Geburtsherrscher) läßt in ihm die geistigen Schwingungen des Universums leuchten. Die im Zeichen Fische geborenen Drogenabhängigen, Alkoholiker, Genies und Heiligen visieren oft das gleiche Ziel an. Was sie voneinander unterscheidet, ist der Grad der Erfahrung, den jeder dem Leben abgewinnen kann.

Der Stier kann für die Fische eine große Hilfe sein, um Erfahrungen auf praktische Art zu sammeln, durch die Realität des Greifbaren. Bis sich diese beiden näher kennengelernt haben, kann der Stier den Fisch für eine törichte Kreatur halten, der in Illusionen herumschwimmt und Tagträume verfolgt.

Der Fisch denkt vielleicht, der Stier sei ein gefährliches Tier, das das Kornfeld niedertrampelt, den Kopf voller eigensinniger Meinungen hat und dem schnöden Mammon nachjagt. Geld ist (zumindest unterbewußt) ein schmutziges Wort für die meisten Fische. Es bereitet ihnen Verdruß, sich darauf konzentrieren zu müssen, wie man es verdient, behält, ausgibt, einteilt und spart. Sie würden sich wohler fühlen, wenn ihnen ein anderer die leidigen Geldprobleme aus der Hand nimmt und sie versorgt mit Essen, Trinken, Träumen, Theater- und Konzertkarten, Kleidung – und ihnen die viele freie Zeit erlaubt, an Erfindungen, künstlerischen Kreationen oder wissenschaftlichen Forschungen zu basteln. Alles übrige Geld kann ans Waisenhaus gehen, ans Tierasyl, an karitative Organisationen, an die Umweltschützer, das Finanzamt oder was auch immer.

Der typische Fisch sieht keinen vernünftigen Anlaß, überschüssiges Geld unter der Matratze oder auf der Bank verstauben zu lassen. Der Fisch sorgt sich nur um Geld, wenn er keines hat. Dann wird es zu einer beängstigenden Notwendigkeit für die Fortführung seiner veränderlichen, träumerischen, vielgesichtigen Existenz. Ansonsten langweilt es den Fisch. Im Unterbewußtsein spürt er, daß der Reichtum eines vermögenden Mannes nur auf dem Papier steht.

Es ist wichtig, sich seinem Sonnenzeichen entsprechend zu verhalten, welche entgegenstehenden Planeten-Einflüsse auch an der Psyche zehren, da jedes einzelne der zwölf Sonnenzeichen einen bestimmten Zweck in der menschlichen Entwicklung erfüllt. Ein eitler, extravaganter Stier ist immer eine äußerst unglückliche Person, ebenso wie ein nüchterner, gewinnsüchtiger Fisch ein trauriger, neurotischer Mensch ist. Wenn die beiden ihre Kräfte vereinten, könnten sie jeder das tun, was ihrer Natur entspricht.

Der Fisch könnte dem Stier phantasievollere Wege zeigen, wie man zu Geld kommt, ihm das Vergnügen des Teilens mit anderen beibringen und das ewig gültige Gesetz: Je mehr man gibt, desto mehr bekommt man zurück. Andererseits kann der Stier dem Fisch den nötigen Respekt vor minimaler Sicherheit lehren, daß es weiser ist, wenigstens ein paar Geldscheine auf die hohe Kante zu legen, auch wenn man das Geld sonst mit vollen Händen ausgibt, falls doch noch einige magere Tage kommen sollten. Es ist so mühselig, im Regen an der Ecke stehen und den Hut aufhalten zu müssen.

Es gibt natürlich auch Fische, die von Umständen und Erinnerungen an Kinderjahre in Armut gezwungen werden, sich darüber Sorgen zu machen, ob sie nicht auch einmal mit dem Hut in der Hand betteln müssen, also knausern sie mit ihren paar Pfennigen, doch hassen sie sich im Innersten selbst wegen ihres Geizes. Wenn sie aufhören würden zu knausern und das Geld ausgeben würden, würde es wieder, wie von Zauberhand, aus anderen Quellen ersetzt. Wenn diese Fische auf den Rat ihres Herzens hören würden, könnten sie über ihr Huttrauma hinwegkommen und ihrer Armut ein Ende setzen.

Ein seltsamer und interessanter Unterschied zwischen Stier und Fische ist eine Tatsache, die so einfach wie die Namen der beiden ist. Sehr wenige Stier-Menschen haben Spitznamen, und falls sie einen haben, gefällt er ihnen gewöhnlich nicht. Der typische Stier wird immer davor scheuen, seinen Namen zu ändern, selbst wenn er einen sehr ausgefallenen hat. Vielleicht leidet er während seiner Kindheit darunter, doch wenn er einmal erwachsen ist, ist er davon überzeugt, daß sein Name einen guten, soliden Klang hat.

Beinahe jeder Fisch hingegen hat entweder schon einen Spitznamen oder wünscht sich im geheimen einen. Sollten ihm, nach einer gewissen Zeit, seine Freunde diesen Gefallen verweigern, so wird er selbst ein Alias annehmen. Ein Fische-Mädchen oder -Frau mit Namen Katharina wird mit dem Gedanken spielen, ihn *Katrin* zu buchstabieren – ein Fische-Junge oder -Mann namens Johann wird sich vielleicht *Hans* nennen oder auf den Gedanken kommen, ihn auf legalem Weg in einen klangvolleren *Hannes* einzutauschen. Irgend etwas, um das Leben exotischer zu gestalten und um die Identität vor den Schnüfflern zu verbergen, die ihre Nasen gern in das Leben anderer stecken.

Der Stier kennt dieses Davonschleichen nicht. Wenn er einer Situation ins Auge sehen muß, so tut er es mit großem Mut, und er wird auch stur bleiben, bis er seinen Standpunkt behauptet hat. Der Stier hat einen köstlichen, reichen, einfach wunderbaren Humor. Es ist nicht spitzfindige, beißende Ironie, sondern jener herzliche Humor, der aus der farbenfrohen Realität des täglichen Lebens stammt. Da der gescheite, manchmal hochintelligente Fisch Humor selten zu schätzen weiß, werden die beiden entweder ihre Unterschiede vergessen, oder sie lösen sie durch einen Kompromiß ihrer Erd- und Wasserelemente, die im wesentlichen in der Astrologie verträglich sind.

Da es sich hier um eine 3:11-Sonnenzeichen-Kombination handelt, ist ein Zusammentreffen von Stier und Fisch selten zufällig. Wie alle von dieser Kombination beeinflußten Menschen werden diese beiden vom Schicksal geleitet. Wie jene Menschen, deren Geburtstagszahlen (nicht Monat und Jahr) zusammenaddiert die Zahl 4 oder 8 ergeben, sind sie dem Leben von 4 oder 8 Personen eng verbunden, ob sie es wünschen oder nicht, angenehm oder unangenehm, und herausfinden, daß sie keine Wahl haben, zu entscheiden, wann sie einander begegnen oder wann sie sich wieder trennen. Die beiden werden magnetisch voneinander angezogen, um das karmische Gleichgewicht von Aktion und Reaktion herzustellen.

Stiere und Fische haben, wie alle anderen von einer 3:11-Kombination beeinflußten Menschen, sehr gute Chancen, Glück und Harmonie in ihrem gegenwärtigen gemeinsamen Leben zu finden, wenn sie bereit sind, die Pflichten und Verantwortungen vergangener Verbindlichkeiten auf sich zu nehmen – d. h. die oft gespannten Aspekte ihrer Verbindung von Zeit zu Zeit zu tragen und auch die Lasten des anderen.

Fische dagegen sind alle sehr alte Seelen, ob sie nun flußauf oder flußab schwimmen. Fische haben auf ihren Reisen Horizonte von solch unirdischer Schönheit hinter sich gelassen, die die Neptun-Herzen höher schlagen lassen, wenn er sie in ihren Träumen besucht. Also kann der Fisch den Realitäten dieser Erde nicht ins Auge sehen. Er weiß, die *wirkliche* »Erbsünde« ist, Traurigkeit und Häßlichkeit zu sehen und zu erkennen, wenn wir Harmonie und Schönheit sehen und erkennen sollten.

Für den Stier ist das Erkennen einer anderen Art von Sünde nötig, um die Erleuchtung der Seele und das Seelenheil zu erlangen. Daher sieht sich der Stier gezwungen, den Fisch dazu anzutreiben, sich der Selbsttäuschung und der Flucht in die Phantasiewelt schuldig zu bekennen – und Dinge zu sehen, wie sie sind. Dadurch werden die klaren, sprühenden Ströme der Fische-Visionen zurückgedrängt auf die reiche, feste Erde durch die praktischen Eigenschaften des umsichtigen Stiers.

Stier-Frau – Fische-Mann

Der Stier und der Fisch lieben beide Ruhe und Frieden. Beide würden schlafende Hunde nicht wecken. Warum sich zusätzliche Schwierigkeiten machen? Sie glauben beide, daß einem jeden Tag genug davon in den Schoß fallen, ungebeten, ohne daß man sich darum bemüht. Der Fische-Mann stimmt dieser Ansicht von ganzem Herzen zu. Erwartet man Schwierigkeiten, so kommen sie umgehend auf einen zu, so sieht er es. Also fordern Sie das Schicksal nicht heraus; es hat bestimmt Probleme für Sie parat, und wenn Sie dann vor diesen Problemen stehen, können Sie nichts anderes tun, als sich selbst die Schuld zu geben. Nein, das ist doch nicht ganz richtig. Die Mißgeschicke des Fisches sind selten seine eigene Schuld. Der Fisch verwickelt sich nur in die Probleme anderer, weil er ein so guter Zuhörer ist.

Eine andere Eigenschaft, die diese beiden gemeinsam haben, ist, daß sie wegen ihrer Neigung zu dumpfem Brüten und ihrer Tendenz zum Pessimismus in die Fänge der Schwermut geraten. Aber die Stier-Frau ist oft geduldiger und überzeugter im Hinblick auf das Endergebnis als der innerlich ruhelose Fisch. Ihr macht es nichts aus, eine Falle für jedermann oder für etwas zu stellen, was sie besitzen will, und dann, ohne Murren, so lange wie nötig zu warten, bis die Falle zuschnappt.

Der Fische-Mann fragt sich vielleicht, welches Bild sich die Stier-Frau von ihm macht. Eigentlich sorgt er sich nicht wirklich darum, er fragt sich nur. Der Fisch zeigt gewöhnlich keine Angstsymptome, wenn er verliebt ist, zumindest nicht an der Oberfläche. Er sorgt sich vielleicht ein wenig um das Geld für die Miete, darum, was das Leben wirklich bedeutet, was die Zukunft verspricht und ähnliches, aber die Liebe ist für ihn eine der natürlichsten Sachen der Welt. Dieser freundliche und poetische Mann fühlt sich, wenn er ein typischer Fisch ist, in romantischen Gewässern, in denen zu schwimmen und tauchen er wahrscheinlich schon in sehr jungen Jahren gelernt hat, absolut zu Hause. Die Liebe, oder ihre Erfüllung, kommt spät zu dem weiblichen Stier, und das ist vielleicht der Grund, warum sie sie mehr als jede andere Frau schätzt und achtet.

Welches Bild sie auch von ihm hat, ich hoffe, sie versucht ihn wenigstens halbwegs zu verstehen. Ich sage halbwegs, weil sie glücklich sein kann, wenn er sie nicht gleich zu Beginn vollkommen verwirrt. Er ist so gänzlich anders als alle Männer, die sie jemals kennengelernt hat, daß sie einfach von seinen geheimnisvollen, schwer faßbaren Eigenschaften erregt wird, obwohl sie gewöhnlich keiner komplizierten und wechselhaften Persönlichkeit traut. Der Grund dafür sind die magnetischen Kräfte der 3:11-Kombination, die das karmische Band darstellen, das für die starken, zwanghaften Gefühle in dieser Beziehung verantwortlich ist. Eine Stier-Frau fühlt sich vielleicht auch von einem Skorpion-Mann stark angezogen, doch ist dies nur rein körperlich. Bei dem Fische-Mann geht es tiefer und ist gar nicht so leicht zu erklären. Außerdem braucht er offensichtlich jemanden, der für ihn kocht, an ihn glaubt, ihn tröstet und liebt, alles Eigenschaften, in denen sie brilliert.

Die Stier-Frau kann gelegentlich in Stimmungen von Selbstmitleid und dunklen Vorahnungen verfallen. Doch wenn sie ihre positive Lebenseinstellung wiedergewinnt, wird sie sich wieder dem zärtlichen Einfluß der Venus unterwerfen und zu ihrer alten, behaglichen Art zurückfinden. Die komplizierteren Depressionen des Fische-Mannes erfordern vielleicht eine etwas längere und schwierigere, weniger alltägliche Therapie, doch bereitet ihm ihre Behandlung Vergnügen.

Auf sexuellem Gebiet passen diese beiden gut zusammen. Seine Neptun-Einstellung zu Sex kann mit zwei Worten beschrieben werden: sinnlich und romantisch. Bei ihr verhält es sich ebenso. Beide sind entschlossen, jede nur denkbare Nuance und Feinheit der sinnlichen Erfahrung zu fühlen, die möglich ist, wenn ihre Körper vereint sind, daher wird die körperliche Beziehung zwischen den beiden wahrscheinlich sehr harmonisch sein.

Die Stier-Frau »fühlt« instinktiv durch ihre Sinne. Sie hat eine heitere Ausstrahlung, eine beruhigende Aura und eine ausgesucht zärtliche Art und den instinktiven Wunsch, den Mann, den sie liebt, mit warmer Zuneigung zu umgeben - und ihn mit den leichten Federn des Humors zu kitzeln. Wenn man dies mit ihrem kehligen Mitternachtsgeflüster und ihren weichen Venus-Kurven kombiniert, kann man verstehen, warum diese beiden gewöhnlich im gleichen emotionellen Rhythmus schwingen. Die weibliche Neigung, sich ihm zärtlich zu unterwerfen und nicht zu versuchen, den Mann zu dominieren, ist enorm befriedigend für den Fische-Mann, der vielleicht schon manche romantischen Alpträume mit aggressiveren Frauen durchgestanden hat. Stier und Fische wissen, wie sie ihr Verlangen auf den anderen übertragen und Erfüllung finden können; also kann ihre körperliche Vereinigung eine wundervolle Erfahrung an irdischer Leidenschaft und unirdischer Ekstase sein.

Ihr vollkommenes, gemeinsames Glück hängt jedoch davon ab, welche Art von Fisch er ist, einer, der sich (aus freien Stükken) treiben läßt, oder einer, der hurtig flußaufwärts schwimmt. Wenn er sich treiben läßt und sich am Grund des Meeres zwischen Seemuschelschalen verbirgt, ist er vielleicht gegen alle Meerjungfrauen, wie verführerisch sie ihn auch lokken mögen, immun. Zumindest bis er eine findet, die mit beiden Beinen fest im Leben steht, die willens ist, ihm emotionell und finanziell unter die Arme zu greifen, bis sein Traum sich erfüllt. Eine Stier-Frau ist vielleicht dazu bereit, diese Doppelaufgabe für eine Weile zu übernehmen. Nach einiger Zeit wird jedoch der behäbige Zorn des Stiers erregt. Wenn er sich zu lange auf ihre Geduld verläßt, was sie für einen Mangel an gutem Willen und Sicherheitsbewußtsein hält, wird sie in einem ihrer seltenen, aber gewaltigen Zornausbrüche explodieren, und wenn der Donner verhallt ist, wird der Fisch verschwunden sein.

Sogar wenn er ein aktiver, flußaufwärts schwimmender Fisch ist, versteht sie vielleicht immer noch nicht, wie es um ihn steht und was er durchmacht, wenn er sich mit jedermanns Tränen und Schwierigkeiten einläßt. Ein Fisch kann wunderbar geschickt und kreativ in klarem Wasser sein. Wenn sie es aber immer mit ihrer erdigen Sturheit trübt und andere es immer verschmutzen, indem sie seine Zeit in Anspruch nehmen und sein Mitgefühl ausnützen, wird er Trost bei einigen Drinks in der Eckkneipe suchen. Dann beginnt sie zu murren.

Die dreiteilige Formel, um das Herz einer Stier-Frau zu brechen, ist: falsche Versprechungen, Enttäuschung und Müßiggang. Die dreifache Formel, um zu heilen, ist: Ehrlichkeit, Treue und Zuverlässigkeit. Wenn er sich daran erinnert, könnte es für ihn der Anfang vom Ende seiner Einsamkeit sein. Wenn sie versteht, daß er sich zur Beruhigung seiner gespannten Nerven ab und zu in die Einsamkeit zurückziehen muß, um nachzudenken, wird er immer wieder zu ihr zurückkehren.

Stier-Mann – Fische-Frau

Erinnern Sie sich noch, wie Sie als Kind gern einem Zauberer zugesehen und gestaunt haben, wie er es fertigbrachte, vor Ihren Augen weiße Kaninchen, Seidenrosen und farbige Bänder verschwinden zu lassen? Ein Stier-Mann, der sich in ein Fische-Mädchen verliebt und der sich nicht mit Astrologie beschäftigt hat, wird vielleicht die Gelegenheit bekommen, diese Erfahrung noch einmal zu machen. Es kann Monate oder Jahre dauern, bis sie den Zaubertrick des Verschwindens meistert. Und sie wird es auch nicht vorher ankündigen, wenn sie es tut, weil Fische es nicht mögen, in beklemmende Kontroversen verwikkelt zu werden und sich endlose Beschuldigungen anhören zu müssen. Der Grund für ihr Verschwinden wird seine unbeugsame männliche Überlegenheit sein, die ihr bei ungünstigen Planetenaspekten das Leben mit ihm vergällt.

Natürlich sind nicht alle Stier-Fische-Paare so weit polarisiert durch seine unbeugsame männliche Überlegenheit und ihre schüchterne Weiblichkeit und Ergebenheit. Bei harmonischen Aspekten können diese beiden eine seltene und zufriedenstellende Liebesbeziehung erreichen, da sie viele Gemeinsamkeiten haben und können ein echter Trost für den anderen sein, wenn das Leben ihnen einiges abverlangt. Jeder Mann ist dankbar für jemanden, der sich seine Sorgen anhört, besonders dann, wenn dieser Jemand eine aufmerksame, zärtliche Frau mit sanfter Stimme ist. Doch wie die menschliche Natur nun einmal ist, wird jeder Mann versuchen, es so weit wie möglich auszunützen, wenn eine Frau so tolerant und verständnisvoll ist. Deshalb sollte eine Fische-Frau, die in einen starken Stier verliebt ist, ihr Selbstbewußtsein stärken, wenn sie den Zaubertrick lernen will, um ihn in einen liebenswerten Stier zu verwandeln.

Eines hat sie ihm jedoch voraus: Hinter ihrer fügsamen Art

verbirgt sich ein sehr reger und höchst aufnahmefähiger Verstand. Sie wird ihm auf die Schliche kommen, wenn er es am wenigsten erwartet, wenn er z. B. glaubt, sein Flirt mit einer anderen Frau bliebe unbemerkt. Sie wird ihm vergeben, vielleicht sogar zu schnell, zumindest das erste Mal. Erst, wenn er versucht, ihr ihre Träume zu verbieten und ihr Wesen nach seinen Vorstellungen zu verändern, wird sie ihre Zähigkeit brauchen.

Ein Stier-Mann wird es leichter haben, eine Fische-Frau zu verstehen, wenn er nicht vergißt, daß sie all diese emotionalen Schwingungen in ihrer unmittelbaren Umgebung (eingeschlossen seiner eigenen) nicht nur reflektiert, sondern sie auch innerlich *aufsaugt* wie ein Schwamm.

Eines der Dinge, die den Stier-Mann an seiner Fische-Frau stören kann, ist die Einstellung des Neptun zur Wahrheit. Für sie ist Wahrheit das, was sie im Moment fühlt, und was sie gerade fühlt, wird immer von anderen Leuten, Situationen und Standpunkten beeinflußt und verändert. Der Fisch sieht die Wahrheit nicht statisch, sondern als eine sich ständig ändernde Angelegenheit, die von vielen Interpretationen abhängt.

Der Stier sieht die Wahrheit als eine ewig gültige und unveränderliche Tatsache. Das ist es, was man eine Polarität von Meinungen nennt. Welche ist richtig? Tatsächlich sind beide richtig, zu verschiedenen Zeiten, es hängt davon ab, welche Art von Wahrheit gemeint ist. Manche Wahrheiten sind universal, ewig, unveränderlich. Andere sind vielseitig und individuell. Und wieder andere sind einem ständigen Wandel unterworfen, da sie in Beziehung zu Gefühlen und Emotionen der Menschen im Augenblick stehen – oder zu der gegenwärtig herrschenden öffentlichen Meinung. Einige Wahrheiten wiederum beruhen auf einer unbestreitbaren *Tatsache* – wie zum Beispiel: Warst du unter der Dusche vor einer Stunde? –, worauf es nur eine Antwort gibt, ja oder nein. Da alles innerhalb des Kosmos relativ ist, warum sollte die Wahrheit eine Ausnahme sein? Die Dusche-Frage bezieht sich auf die unmittelbare Vergangenheit. Fragen nach Tatsachen, die sich auf weiter entfernte Ereignisse beziehen, wie: Wurde Lincoln ermordet? u. s. w. fallen in eine tiefere esoterische und metaphysisch-geistige Kategorie, die hier nicht weiter erörtert werden soll und kann.

Die Wahrheit, in ihren verschiedenen Formen und Darstellungen, ist nicht allzu wichtig für diesen Mann und diese Frau in ihrem sexuellen Ausdruck der Liebe. Dies ist ein Gebiet, auf dem die einzige Wahrheit der Friede der Erfüllung ist, den sie sich gegenseitig schenken. Wenn es keine ungünstigen Planetenstellungen in den jeweiligen Geburtshoroskopen gibt und sich keine ungünstigen Aspekte zwischen den Planeten der beiden ergeben, könnte die sexuelle Harmonie zwischen Stier-Mann und Fische-Frau eine Angelegenheit unermeßlicher Wahrheit und Schönheit sein – die starke Anziehungskraft von Erde und Wasser und umgekehrt. Besonders wenn die Sonne und der Mond der beiden einen starken und positiven Aspekt bilden, können diese beiden beinahe in ihrer eigenen Welt leben, die von der Gemeinsamkeit der Sinne zusammengehalten wird und alles übertrifft, was sich Feuer- und Luftzeichen vorstellen können. Wenige gemeinsame menschliche Erfahrungen sind tröstender als die physische Demonstration der Liebe zwischen einem Stier-Mann und einer Fische-Frau, die sich gegenseitig dem anderen verschrieben haben, ohne ihr gemeinsames Verlangen in Frage zu stellen, sondern nur den Wunsch haben, darauf einzugehen. Es ist nicht die explosive Leidenschaft anderer Sonnenzeichen-Paare, sondern die seltene Zärtlichkeit und Zuneigung, die so warm gegeben und so ruhig beantwortet wird, die ihre Vereinigung so vollkommen und zur friedenstiftenden Intimität macht.

Sollte er versuchen, sie in eine bestimmte Schablone zu zwängen, zieht sie sich vielleicht zurück oder, schlimmer, sie zieht aus und schürt damit den Zorn des Stiers und weckt seine besitzergreifenden Instinkte. Vielleicht verursacht er bei ihr ein Gefühl der Einsamkeit, wenn er zu beschäftigt ist, um mit ihr gemeinsam die Dinge, die sie fühlt, hört und sieht, zu erleben. Doch können sie gemeinsam durch ihre Unterschiede wachsen, während sie Trost in ihrer Gleichheit finden – wenn sie ihm genügend Zeichen der Zuneigung gibt – und er ihr seine Standfestigkeit leiht, an die sie sich schmiegen kann, wenn ihre Träume nicht wahr werden und ihre Sehnsüchte sie traurig machen.

Die Stier-Widder Beziehung

Da beide, Widder und Stier, starke Hörner besitzen, könnten die Entschlossenheit des Widders und die Sturheit des Stiers als gleichwertige Eigenschaften angesehen werden. Sie sind es aber nicht, und viele Vorfälle zwischen diesen beiden Sternzeichen verdeutlichen den Unterschied. Der Widder-Chef möchte, daß sein Mitarbeiter am freien Wochenende arbeitet und sagt entschieden: »Ich brauche Sie am Samstag, also nehmen Sie sich nichts vor!«. Das ist Entschlossenheit. Der Stier-Angestellte antwortet gelassen: »Keine Zeit am Samstag. Suchen Sie sich einen anderen.« Das ist Sturheit.

Nach einigen Begegnungen wird der Unterschied zwischen den Charakteren klar. Der Entschlossene ergreift die Initiative, der Sture tritt ihm entgegen. Der erste macht eine positive Aktion, der zweite eine negative *Re*aktion. Streit zwischen Widder und Stier wird immer vom Widder begonnen und vom Stier beendet. Denken Sie immer daran. Auch der Stier vergißt es nicht. Er vergißt *nie* etwas.

Widder werden zwar beschuldigt, oft alle Brücken hinter sich abbrechen zu wollen und mit rücksichtsloser Unbeherrschtheit durchs Leben zu gehen, doch sie haben auch ihre sanften Seiten. Dem Stier wird vorgeworfen, er habe soviel Initiative wie ein Sack Kartoffeln und ersticke alle Begeisterungsfähigkeit des Widders mit seiner Trägheit schon im Keim. Aber auch der Stier hat phantasievolle Momente – wenn er will.

Der Widder neigt zu Aggression, Leidenschaftlichkeit, Herrschsucht, Extravaganz, Schwätzerei und Optimismus. Er braucht Aufregung und schnelle Ergebnisse – und dazu ein bißchen Zauber, damit das Leben interessant wird.

Der Stier ist eher reserviert, praktisch eingestellt, wortkarg, selbstgenügsam und wohl auch ein wenig pessimistisch. Er strebt nach Beständigkeit, Alleinsein, will kein Risiko auf sich nehmen –, und er verlangt nach viel Ruhe und Erholung, damit er das Leben ertragen kann.

Es ist ganz klar, diese beiden passen wirklich nicht zusammen. Ihre inneren Beweggründe zielen, genau wie ihre Taten, in verschiedene Richtungen. Es ist jedoch von Vorteil, jemanden zu kennen, der andere Eigenschaften besitzt als man selbst.

Da es sich um eine 2:12-Sonnenzeichen-Beziehung handelt, steht der Stier dem Widder oft tolerant und wohlwollend gegenüber. Der Widder versucht, die stille Gelassenheit des Stiers nachzuahmen. Letzten Endes ist stille Gelassenheit mehr oder weniger gleichbedeutend mit Stärke, und der Widder versucht immer – sogar gegen seine Natur – stärker zu werden. Schwäche existiert weder für den Widder noch für den Stier.

Der Stier versteht den Zwang, der hinter der Entschlossenheit und der dreisten Unabhängigkeit des Widders steht, da jedes Sonnenzeichen den Samen oder das Karma der Eigenschaften des im Tierkreis unmittelbar folgenden und vorausgehenden Zeichens trägt, wie bei jedem 2:12-Bild. Die vom Stier gewünschte Sicherheit kann jedoch oft im Zusammenwirken mit der unermüdlichen Energie und dem starken Willen des Mars-Einflusses erreicht werden. Der Stier weiß dies ganz instinktiv, daher zieht ihn gerade der Widder besonders an.

Der Widder beneidet insgeheim die Gelassenheit und vernünftige Lebensanschauung des Stiers und könnte aus dessen realistischer Einstellung immensen Gewinn ziehen. Daher fühlt sich der Widder von der Zuverlässigkeit des Stiers angezogen.

Wäre ein freier Austausch von Eigenschaften zwischen Stier und Widder möglich, könnten sich ihre Charaktere günstig verbinden, und gemeinsam würden sie Ziele erreichen, die sie, auf sich selbst gestellt, nicht erreichen. Die Gefahr einer Verbindung ihres Mars-Venus-Auren besteht darin, daß der Widder den Stier gelegentlich bis über die weitgespannten Grenzen seiner Geduld reizt und sich der Stier nach reiflicher Überlegung entschließt, die Verbindung abzubrechen.

Der Widder kann durch die zeitweiligen Anfälle von Melancholie und Introversion des Stiers verwirrt und frustriert werden, auch wenn Scherze und Lachen dies etwas lindern. Von Zeit zu Zeit überredet der Widder den Stier, auf Parties zu gehen und am gesellschaftlichen Leben teilzunehmen. Wird dies nicht übertrieben, kann es dazu beitragen, diesen »Einzelgänger-Instinkt« auszugleichen.

Der Hauptfehler, der von den meisten Widdern gegenüber Stier-Freunden, -Verwandten, -Geschäftspartnern, -Liebespartnern oder -Bekannten begangen wird, ist, daß man sie zu schnellen Entscheidungen drängt. Das klappt nicht, das klappt niemals! Der Stier braucht Zeit. Findet der Stier Vorschläge vernünftig und brauchbar, wird er sie erwägen und ihnen schließlich zustimmen. Doch bis es dazu kommt, vermag keine Macht auf Erden die Lage vorzeitig zu klären. So ist es, und niemand, nicht einmal der feurige Widder, kann etwas daran ändern.

Wenn der Stier lernt, gegenüber dem Widder eine flexible Einstellung an den Tag zu legen, und von ihm nicht immer vernünftiges Handeln zu erwarten, verläuft die Beziehung reibungsloser. Der Widder muß sich durch seine eigenen Mars-Eigenschaften ausdrücken können, zu denen extreme Höhepunkte wie Tiefschläge gehören, damit er lernt, daß impulsives, unbesonnenes Vorgehen nur Kummer mit sich bringt.

Jeder Widder muß die Freiheit besitzen, sich ohne Einschränkung und Mißbilligung verwirklichen zu können.

Jede menschliche Beziehung – auch das Leben selbst – muß für den Stier einem klaren Zweck und einer bestimmten Funktion dienen. Hat er keine brauchbaren Ziele vor Augen und verzettelt er sich in ziellosen Tätigkeiten und zerstreuten Gedanken, zieht er sich schließlich zurück. Er lernt nur durch Erfahrung, und nur durch Realisieren seiner »festen« Absichten kann dieses »feste« Sonnenzeichen sich selbst treu bleiben.

Die Versuche eines Erdzeichens, den Widder zurückzuhalten, führen nur zu einer Zunahme seiner verborgenen Verwundbarkeit. Dann wird der Widder entweder plötzlich und gewaltsam alle Brücken zu dem erdrückenden Stier abbrechen oder sich ihm unterwerfen und damit in eine schwere Neurose geraten – völlig im Widersinn zu den Lebenskräften des Mars.

Liegen Sonne und Mond im Horoskop von Widder und Stier im Widerstreit, muß man vor drohender Grausamkeit auf der Hut sein. Steht der Aspekt der Geburtssonne des Widders zum Geburtsmond des Stiers (oder umgekehrt) günstig und sind ihre gemeinsamen Aszendenten harmonisch, dann kann der Stier dem Widder auf dem Weg zum Gipfel der Glückseligkeit behilflich sein, indem er dessen Höhenflüge des Gefühls mit unendlicher Geduld absichert.

Stier-Frau – Widder-Mann

In einer Romanze oder Ehe zwischen Stier-Frau und Widder-Mann hat die Beziehung bessere Aussichten auf Erfolg. Die Eigenschaften von Passivität, Standhaftigkeit und ruhiger Aufnahmefähigkeit (Stier) wirken natürlicher bei einer Frau. Die Eigenschaften von Aggression, Unabhängigkeit und Tatendrang (Widder) sind natürlicher bei einem Mann. Zumindest kann die Anzahl der Konflikte geringer werden, wenn in dieser 2:12-Beziehung die Frau Stier und der Mann Widder ist. Es ist aber die *Heftigkeit* der Konflikte, nicht die *Häufigkeit*, die eine Beziehung zerstört, daher sollten diese beiden nicht zu optimistisch an die Sache herangehen. Es hängt meistens von den Mond- und Aszendentenpositionen beider ab.

Falls das vierte Haus ihres Horoskops nicht zu ungünstig steht, ist die Stier-Frau der geborene häusliche Typ. Ohne guten Grund ist sie nicht übermäßig eifersüchtig. Sie ist geduldig und nörgelt selten. Sie ist eine gute Gastgeberin für die Geschäftsfreunde ihres Mannes und eine recht gute Zuhörerin.

Da der Widder-Mann ein ständiges und zuverlässiges Gegenüber braucht, wenn er über sein Lieblingsthema (sich selbst) spricht, er oft Leute nach Hause einlädt, um seine neuen Projekte und Ideen zu verkaufen, und sich wenig Sorgen um Geld macht (»Sparsamkeit« ist ihm kein Begriff), ist ihm die Stier-Frau eine große Stütze. Normalerweise liebt der Widder-Mann den Sport, und die typische Stier-Frau liebt die Natur. Falls sein Lieblingssport zufällig Camping oder Wandern ist, können sie einen weiteren Pluspunkt auf die Erfolgsseite dieser Beziehung setzen. Sonst könnte es samstags zu dem so häufigen Fußball-Krach kommen.

Glücklicherweise können eventuelle Unstimmigkeiten im Schlafzimmer ausgeglichen werden, da ihre körperliche Beziehung äußerst befriedigend sein kann. Der Widder-Mann findet gewiß Gefallen an den sinnlich-erotischen Gefühlen der Stier-Frau, könnte aber das Fehlen an mystischer Kreativität in der körperlichen Liebe bedauern. Sie sieht Sex als eine praktische und erfreuliche Sache, die ihr vollkommene Befriedigung der Sinne schenkt und dazu einige babbelnde Bambinos.

Auch wenn ihr sein romantischer Idealismus für immer rätselhaft bleibt, muß dies nicht unbedingt sexuelle Unverträglichkeit bedeuten.

Eine Warnung: auch wenn die Stier-Frau nicht jede Nuance der Sexualität des Widders nachvollzieht, heißt das noch lange nicht, daß sie nicht sentimental oder romantisch ist. Sie ist es sehr wohl. Vergißt er den Tag des ersten Rendezvous (des Entschlusses zur Heirat, der Hochzeit), so wird der gedankenlose Widder sein Leben lang von ihr daran erinnert werden.

Der Widder-Mann erkennt bald, daß diese Frau, die so ruhig und ausgeglichen ist, wie er selbst sein möchte, sehr erfrischend auf seine Seele einwirkt, sein Haus mit Liebe und Kameradschaft erfüllt und dazu noch eine ausgezeichnete Köchin ist. Sie bringt Sonne in sein Herz, und treue Verehrung begleitet ihn sein Leben lang. Sie weiß auch, wie man zu Geld kommt und wie man es spart. Diese Frau kann es sich leisten, die falschen Wimpern den weniger weiblichen Frauen zu überlassen. Sie ist ganz Frau und braucht keine Maskerade, um es dadurch zu beweisen.

Von Zeit zu Zeit muß sie jedoch aus ihrer Zurückgezogenheit ausbrechen. Die Stier-Frau kann dem freundlichen, direkten und gutherzigen Widder-Mann recht kalt und herzlos erscheinen, wenn sie sich zu etwas entschieden hat und jeder Diskussion von vornherein einen Riegel vorschiebt. Sollte er ihr dann Sturheit vorwerfen, so hilft das genauso viel, wie wenn sie ihm Selbstsucht vorwirft. Es hat keinen Sinn darüber zu diskutieren, da keiner jemals seine Fehler zugeben wird.

Viel Zuneigung, Ehrgeiz, Ehrlichkeit und finanzielle Sicherheit sind die vier Wege zu ihrem Herzen.

Stier-Mann – Widder-Frau

Eine Liebesbeziehung zu einem Stier-Mann ist mit Sicherheit ein wichtiger Lernprozeß für die Widder-Frau. Sie glaubt, sie kann unerschütterliche Hindernisse (wie ihn) einfach zur Seite schieben, darüber hinweggehen oder sie mit der unwiderstehlichen Kraft ihrer Mars-Wärme schmelzen. Aber nicht dieses.

Sie schiebt – er sitzt. Sie drängt – er schmollt. Sie fordert – er gibt nicht nach. Dann, Vorsicht! Der nächste Schritt könnte sein: Sie heult – er geht. Geht weg, meine ich, für immer. Aber Stiere und Widder können auch anders miteinander umgehen. Zum Beispiel: Sie lächelt – er gibt nach. Sie schmeichelt – er liebkost sie. Sie umarmt ihn – er strahlt. Sie sehen, es ist immer die Frau, die die Initiative ergreift.

Sie streiten vielleicht um Geld (ihre Extravaganz – seine Sparsamkeit), oder das Bedürfnis des Widders nach Aufregung steht dem Bedürfnis des Stieres nach Ruhe und und Frieden entgegen. Aber mit einiger Mühe können sie sich an die Eigenarten des anderen anpassen, und dieses Paar kann eine seltene und warme Zufriedenheit finden.

Da sie ungewöhnlich viel Freiheit verlangt und beansprucht, ist es ein glücklicher Zufall, daß der Stier nicht übermäßig eifersüchtig ist. Er ist nicht eifersüchtig, dafür aber besitzergreifend. Ja, der Stier-Mann ist stur; diese astrologische Tatsache läßt sich nicht leugnen. Seine manchmal blinde, unvernünftige Starrköpfigkeit kann unangenehm geweckt werden, wenn die Widder-Frau mit ihm Blumen pflücken, er aber in Ruhe lesen will, (an anderen Tagen unterhält er sie gern mit seinem geistvollen Humor) – wenn sie immer mehr Geld ausgibt, als er verdient. Aber ein geliebter Stier erträgt diesen »Lärm um nichts« mit großem Gleichmut. Der zufriedene Stier-Mann akzeptiert geduldig die unkontrollierte Überschwenglichkeit des Widders, solange sie ein gewisses Maß nicht überschreitet. Wenn allerdings letzteres der Fall ist, dann kann seine im Verborgenen schwelende Wut aus ihm herausbrechen. Der Widder, der die Wut des Stiers nicht kennt, sollte das Schicksal nicht herausfordern.

Wenn sie ihn sanft behandelt und auf seine Gefühle eingeht, geht er mit ihr durch dick und dünn. Er wird sie grenzenlos verehren und über ihre Fehler großzügig hinwegsehen. Er umsorgt sie, selbst wenn er ihre vorübergehenden Gefühlsausbrüche nicht versteht. Nicht selten drückt sich seine Fürsorge auch in einem dicken Bankkonto und in einem sicheren Dach über dem Kopf (selbstverständlich mit gut gefülltem Kühlschrank) aus, wobei er sein Bestes tut, Sicherheit und Wohlstand langsam, aber stetig zu vermehren.

In eine durchschnittliche Liebesbeziehung oder Ehe zwischen Stier-Mann und Widder-Frau bringt sie die Ideen und die Energie ein, er sorgt für Stabilität und Sicherheit. Dies gilt für finanzielle sowie sexuelle Aspekte ihres gemeinsamen Wagnisses.

In der Liebe, wie in allen anderen Dingen, ist der Stier-Mann praktisch, aber er ist auch außerordentlich liebevoll, romantisch und sentimental. Die Widder-Frau, die fälschlicherweise annimmt, ihr meist zurückhaltender Stier-Liebhaber oder -Ehemann liebe sie nicht mehr, wird immer wieder mit einer extravaganten Überraschung eines besseren belehrt.

Trotzdem könnten Probleme in der körperlichen Liebe entstehen, wenn die erste magnetische Anziehungskraft der männlich-positiven und der weiblich-negativen Polarität nachläßt. Für die Widder-Frau ist Sex eine Art Erlösung – geistig, emotional, körperlich und seelisch –, eine sichtbare Äußerung des Glaubens und der Stärke des Mars, die den mächtigen Drang zur Selbstverwirklichung darstellt. Für sie rechtfertigt sich sexuelle Aktivität allein als aufregende Phantasie, die auf eine wunderbare, nur ihr bekannte Weise all ihre Träume erfüllen könnte. Für den Stier-Mann ist Sex etwas Normales und Natürliches, das zwei sehr realen und vernünftigen Zwecken dient – der Befriedigung sinnlicher und erotischer Bedürfnisse einerseits und der Gründung einer Familie mit Kindern andererseits.

Sie muß ihre sexuelle Mars-Energie freisetzen, auch wenn dies zu nicht viel mehr als Frustrationen führt – und ein phantasievoller, romantischer Rahmen ist für sie unbedingt notwendig. Er findet es sinnlos, überhaupt Energie freizusetzen, es sei denn zu einem praktischen und nützlichen Zweck. Der typische Stier empfindet Tagträume als überflüssig und unproduktiv. Ein harmonisches Verhältnis zwischen ihren Sonnen, Monden und Aszendenten kann wie durch ein Wunder diese Unterschiede in ihren Naturen ausgleichen, und die beiden können in ihrem Zusammensein sowohl in sexueller als auch in jeder anderen Hinsicht reichlich Erfüllung finden.

Ist jedoch der Aspekt zwischen ihren Geburtsgestirnen bzw. Aszendenten ungünstig, ist es für die Widder-Frau schwierig, den Stier auf ihrer Weide zu halten; es sei denn, sie bemüht sich ständig und sehr bewußt darum, ihm zu gefallen, was dem typischen Widder schwerfällt. Ein großes Maß an Schmerz und Ärger muß ausgestanden werden, bevor ein Stier-Mann eine Frau, die er geliebt hat, verläßt (oder bevor sie sich von seinem Besitzanspruch befreien kann). Aber wenn er geht, geht er für immer. Ein wenig Zärtlichkeit heute kann morgen viele Tränen verhindern.

Trotz der vielen Auseinandersetzungen über gemeinsame sowie individuelle Fragen, die diese beiden fast sicher haben, lernt sie bald eine rührende Wahrheit über die Einstellung ihres Stier-Mannes zum Geld kennen, die so ganz anders ist als ihre eigene (vorausgesetzt, sie sind beide typisch für ihre Sonnenzeichen, und ihre Geburtshoroskope weisen keine ungünstigen Planetenpositionen auf). Anfangs hält sie ihn für einen ausgesprochenen Geizhals und er sie für so leichtsinnig und unvorsichtig mit Geld, wie eben nur eine Frau sein kann. (Er glaubt, alle Frauen seien mehr oder weniger aus dem gleichen extravaganten Holz geschnitzt). Nach und nach wird jedoch sein gutmütiges Stier-Herz gerührt, da er allmählich begreift, daß ihr Leichtsinn im Umgang mit Geld fast immer von impulsiver Großzügigkeit motiviert ist.

Sie begreift, daß seine Vorsicht aus seinem unbeherrschten Bedürfnis nach Sicherheit stammt, aus seiner tiefverwurzelten Angst, sich plötzlich auf der Straße zu finden und auf die Almosen anderer oder des Staates angewiesen zu sein, was seinen Stolz, von niemandem abhängig zu sein, zerstören würde. Sie erfährt auch, daß er wirklich großzügig sein kann, sobald ihr sturer, aber gutherziger, unerschütterlicher und treuer Stier ihre Zukunft gesichert weiß. Aber der typische Stier-Mann geht kein großes Risiko ein. Wenn seine Widder-Frau ihn zu überreden versucht, in eine größere Wohnung oder ein schöneres Haus umzuziehen und das fehlende Geld für Miet- oder Hypothekenzahlungen durch in Aussicht gestellte Gehaltserhöhungen, Kommissionen oder Prämien aufzubringen, ist das sicherlich ein aussichtsloses Unterfangen. Der Stier gibt kein bißchen nach, bevor er nicht sicher ist, die zusätzliche Belastung verkraften zu können.

Aber wenn es hart auf hart kommt (ein ausgezeichneter Ausdruck für den Stier), teilt dieser Mann, was er hat, mit jedem, dessen Not er sich bewußt ist, besonders mit Familie, Freunden – und mit der Frau, die er liebt.

Die Persönlichkeits-Typen

Kardinalzeichen (Führer)	Feste Zeichen (Organisatoren)	Veränderliche Zeichen (Vermittler)
Widder	Stier	Zwillinge
Krebs	Löwe	Jungfrau
Waage	Skorpion	Schütze
Steinbock	Wassermann	Fische

Positive (männliche) Zeichen (aggressive, dynamische Idealisten)	Negative (weibliche) Zeichen (verschlossene, nachdenkliche Strategen)
Widder	Stier
Zwillinge	Krebs
Löwe	Jungfrau
Waage	Skorpion
Schütze	Steinbock
Wassermann	Fische

Feuerzeichen (inspiriert)		Luftzeichen (geistig)	
Widder –	Kardinal – Feuer	Waage –	Kardinal – Luft
Löwe –	Fest – Feuer	Wassermann –	Fest – Luft
Schütze –	Veränderlich – Feuer	Zwillinge –	Veränderlich – Luft

Erdzeichen (sachlich)		Wasserzeichen (empfindsam)	
Steinbock –	Kardinal – Erde	Krebs –	Kardinal – Wasser
Stier –	Fest – Erde	Skorpion –	Fest – Wasser
Jungfrau –	Veränderlich – Erde	Fische –	Veränderlich – Wasser

Widder:	Feuer-Positiv-Männlich-Kardinal inspirierter, aggressiver, dynamischer, idealistischer *Führer*
Löwe:	Feuer-Positiv-Männlich-Fest inspirierter, aggressiver, dynamischer, idealistischer *Organisator*
Schütze:	Feuer-Positiv-Männlich-Veränderlich inspirierter, aggressiver, dynamischer, idealistischer *Vermittler*
Steinbock:	Erde-Negativ-Weiblich-Kardinal verschlossener, nachdenklicher, strategischer *Führer*
Stier:	Erde-Negativ-Weiblich-Fest verschlossener, nachdenklicher, strategischer *Organisator*
Jungfrau:	Erde-Negativ-Weiblich-Veränderlich verschlossener, nachdenklicher, strategischer *Vermittler*
Waage:	Luft-Positiv-Männlich-Kardinal geistiger, aggressiver, dynamischer, idealistischer *Führer*
Wassermann:	Luft-Positiv-Männlich-Fest geistiger, aggressiver, dynamischer, idealistischer *Organisator*
Zwillinge:	Luft-Positiv-Männlich-Veränderlich geistiger, aggressiver, dynamischer, idealistischer *Vermittler*
Krebs:	Wasser-Negativ-Weiblich-Kardinal empfindsamer, verschlossener, nachdenklicher, strategischer *Führer*
Skorpion:	Wasser-Negativ-Weiblich-Fest empfindsamer, verschlossener, nachdenklicher, strategischer *Organisator*
Fische:	Wasser-Negativ-Weiblich-Veränderlich empfindsamer, verschlossener, nachdenklicher, strategischer *Vermittler*

Die Verbindung der Elemente

Feuerzeichen	
Widder Löwe Schütze	Feuer verbindet sich leicht mit Feuer und Luft, verlangt aber Toleranz in Verbindung mit Erde und Wasser.
Luftzeichen	
Waage Wassermann Zwillinge	Luft verbindet sich leicht mit Luft und Feuer, verlangt aber Toleranz in Verbindung mit Erde und Wasser.
Erdzeichen	
Steinbock Stier Jungfrau	Erde verbindet sich leicht mit Erde und Wasser, verlangt aber Toleranz in Verbindung mit Feuer und Luft.
Wasserzeichen	
Krebs Skorpion Fische	Wasser verbindet sich leicht mit Wasser und Erde, verlangt aber Toleranz in Verbindung mit Feuer und Luft.

Feuer und Feuer
Wenn Feuer auf Feuer trifft, können die daraus entstehenden größeren und heißeren Flammen entweder zu einer Feuersbrunst führen, die sich selbst verzehrt und ausbrennt – oder sie können die Dunkelheit erhellen und das Eis und die Furcht des negativen Denkens schwinden lassen. Die Wahl liegt zu gleichen Teilen bei beiden Individuen.

Luft und Luft
Wenn Luft auf Luft trifft, ist das Ergebnis vollkommene Bewegungsfreiheit mit wenig oder keiner Einschränkung. Diese Verbindung kann zu einem glorreichen geistigen, emotionalen und

spirituellen Aufschwung führen. Doch ohne den Wind der Veränderung wird Luft muffig und verschmutzt; unter bestimmten Voraussetzungen kann Luft aber auch zur wütenden Raserei eines Tornados werden. Die Wahl liegt zu gleichen Teilen bei beiden Individuen.

Erde und Erde

Wenn Erde auf Erde trifft, kann diese Verbindung sich selbst einen mächtigen Berg von Glauben und Kraft bauen – oder statt dessen eine ausgedörrte Wüste werden, je nach der Richtung, die sie nimmt. Das Ergebnis kann auch ein Erdbeben mit vulkanischem Widerhall sein. Die Wahl liegt zu gleichen Teilen bei beiden Individuen.

Wasser und Wasser

Wenn Wasser auf Wasser trifft, gibt es keinen Widerstand und führt zu einem ständigen Strom an Inspiration, der schließlich in einen großen Ozean der Erleuchtung mündet – oder aber im negativen Sinn in eine kleine Bucht führt, aus der es kein Entrinnen gibt. Wasser löscht den Durst, doch ist es einmal außer Kontrolle, kann es verheerende Fluten erzeugen. Die Wahl liegt zu gleichen Teilen bei beiden Individuen.

Feuer und Luft

Luft schürt Feuer und läßt es heller brennen, stimuliert Enthusiasmus und Erregung – oder entzündet Leidenschaft und Zorn. Zuviel Feuer kann den Sauerstoff der Luft verbrennen und läßt somit das Atmen zum Problem werden – und zuviel Luft, etwa ein starker Wind, kann eine Flamme düsterer flakkern lassen. Die Wahl liegt zu gleichen Teilen bei beiden Individuen.

Feuer und Erde

Es ist offensichtlich, welches der beiden Elemente das stärkere und dauerhaftere ist. Erde bleibt, wo sie ist, wenn sie nicht durch eine innere Explosion oder durch äußere Kräfte bewegt wird. Feuer bahnt seinen eigenen Kurs und strebt immer zun Himmel. Feuer kann die Erde versengen, aber niemals ganz zerstören. Erde kann Feuer unterstützen, indem sie ein festes Fundament für seine Flammen baut; zuviel Erde jedoch kann auch das leuchtendste Feuer begraben. Die Wahl liegt zu gleichen Teilen bei beiden Individuen.

Feuer und Wasser

Ein großes Feuer kann durch seine übermäßige Hitze eine kleine Menge Wasser austrocknen. Andererseits können große Mengen Wasser Feuer löschen, die Flammen ersticken. Daher fürchtet oder respektiert Feuer instinktiv das Wasser und umgekehrt. Beide spüren im Unterbewußtsein die Gefahr – daß jeder fähig ist, den anderen vollkommen zu zerstören. Die Wahl liegt zu gleichen Teilen bei beiden Individuen.

Erde und Luft

Erde enthält Luft und braucht sie, aber Luft enthält weder Erde, noch braucht sie sie. Erde muß bleiben, wo sie ist, und kann nur durch Erdbeben, vulkanische oder äußere Kraft bewegt werden. Luft hat sich von solchen Einschränkungen freigemacht und bewegt sich je nach Laune über die Erde, verändert weder die Erde, noch verharrt sie dort lange Zeit. Die Erde ist unabhängig von der Luft, ist sich scheinbar deren Existenz nicht bewußt, so lange, bis starke Winde die Pflanzen und Blumen stören, die auf ihrer Oberfläche wachsen, in ihrem Schoß verwurzelt sind. Das Ergebnis wird von der Wahl bestimmt, die zu gleichen Teilen bei beiden Individuen liegt.

Erde und Wasser

Wasser sucht ein Heim, das es in der Erde findet, indem es sie durchdringt und befeuchtet, was einen Segen für die Erde darstellt. Denn es ist das Wasser allein, das der Erde erlaubt, allen Pflanzenformen, Bäume und Blumen, Leben zu schenken. Ohne die *Bereicherung* durch Wasser ist die Erde trocken und unbrauchbar. Diese beiden Elemente sind dazu bestimmt, voneinander abhängig zu sein. Doch zuviel Wasser kann die Erde in Schlamm und Schwimmsand verwandeln – und zuwenig Wasser kann in den Gebirgsmassen der Erde verschwinden und sich verlieren. Das Ergebnis wird von der Wahl bestimmt, die zu gleichen Teilen bei beiden Individuen liegt.

Luft und Wasser

Luft durchdringt Wasser . . . bewegt es, wühlt es zu peitschenden Wellen auf . . . und zieht weg . . . ein Eindringen oder ein Angriff, über den Wasser keine Kontrolle hat. Wenn Wasser Luft in Form von Feuchtigkeit durchdringt, so wird die Luft schwer. Doch bringt dies der ganzen Natur auch die Erleichterung des Regens, der wie durch Zauber Luft *in ihr eigenes Element* zurückverwandelt, eine Umwandlung, über die die Luft keine Kontrolle hat. In der endgültigen Analyse hat keines der beiden Individuen eine Wahl bezüglich des Ergebnisses – nur durch den höheren Willen des Schicksals.

Die Sonnenzeichen-Kombinationen

1:1-Sonnenzeichen-Kombinationen

Widder–Widder
Stier–Stier
Zwillinge–Zwillinge
Krebs–Krebs
Löwe–Löwe
Jungfrau–Jungfrau
Waage–Waage
Skorpion–Skorpion
Schütze–Schütze
Steinbock–Steinbock
Wassermann–Wassermann
Fische–Fische

2:12-Sonnenzeichen-Kombinationen

Widder–Fische
Stier–Widder
Zwillinge–Stier
Krebs–Zwillinge
Löwe–Krebs
Jungfrau–Löwe
Waage–Jungfrau
Skorpion–Waage
Schütze–Skorpion
Steinbock–Schütze
Wassermann–Steinbock
Fische–Wassermann

3:11-Sonnenzeichen-Kombinationen

Widder–Zwillinge
Widder–Wassermann
Stier–Krebs
Stier–Fische
Zwillinge–Löwe
Krebs–Jungfrau
Löwe–Waage
Jungfrau–Skorpion
Waage–Schütze
Skorpion–Steinbock
Schütze–Wassermann
Steinbock–Fische

4:10-Sonnenzeichen-Kombinationen

Widder–Krebs
Widder-Steinbock
Stier–Löwe
Stier–Wassermann
Zwillinge–Jungfrau
Zwillinge–Fische
Krebs–Waage
Löwe–Skorpion
Jungfrau–Schütze
Waage–Steinbock
Skorpion–Wassermann
Schütze–Fische

5:9-Sonnenzeichen-Kombinationen

Widder–Löwe
Widder–Schütze
Stier–Jungfrau
Stier–Steinbock
Zwillinge–Waage
Zwillinge–Wassermann
Krebs–Skorpion
Krebs–Fische
Löwe–Schütze
Jungfrau–Steinbock
Waage–Wassermann
Skorpion–Fische

6:8-Sonnenzeichen-Kombinationen

Widder–Jungfrau
Widder–Skorpion
Stier–Waage
Stier–Schütze
Zwillinge–Skorpion
Zwillinge–Steinbock
Krebs–Schütze
Krebs–Wassermann
Löwe–Steinbock
Löwe–Fische
Jungfrau–Wassermann
Waage–Fische

7:7-Sonnenzeichen-Kombinationen

Widder–Waage
Stier–Skorpion
Zwillinge–Schütze
Krebs–Steinbock
Löwe–Wassermann
Jungfrau–Fische

Wie Sie aus der Darstellung des Schicksalsrades (S. 162) entnehmen werden, leiten sich die Sonnenzeichen-Kombinationen folgendermaßen ab: Indem man jedes Sonnenzeichen als Nummer 1 bezeichnet, ist Widder das 9. Zeichen von Löwe und Löwe das fünfte Zeichen von Widder (immer entgegen dem Uhrzeigersinn). Daher ist Widder-Löwe eine 5:9-Sonnenzeichen-Kombination.

Stier ist 9 Häuser (oder Zeichen) von Jungfrau – und Jungfrau 5 Häuser vom Stier entfernt. Daher ist Stier–Jungfrau auch eine 5:9-Kombination. Ebenso Stier–Steinbock und Jungfrau–Steinbock. Die gleiche Methode wird angewandt, um alle anderen Sonnenzeichen-Kombinationen zu bestimmen.

Das Schicksalsrad

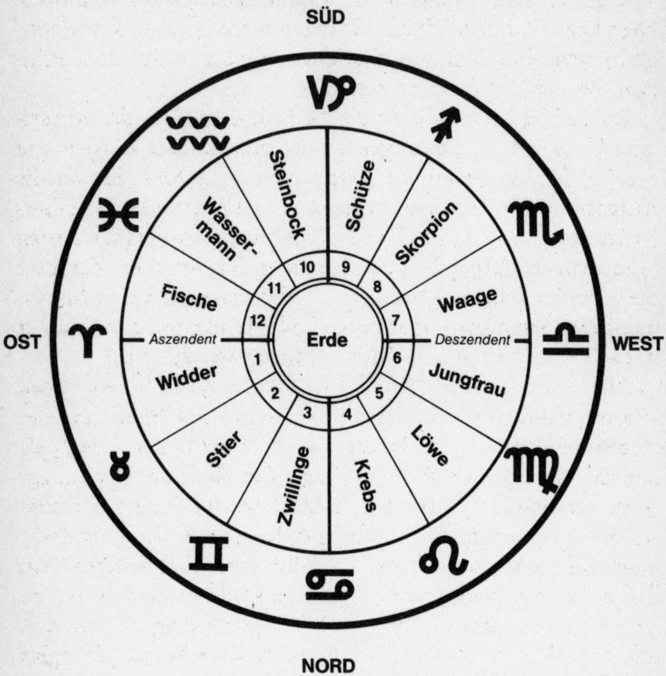

Die Symbole

Widder	♈	Waage	♎	Mars	♂	Pluto	♇
Stier	♉	Skorpion	♏	Venus	♀	Jupiter	♃
Zwillinge	♊	Schütze	♐	Merkur	☿	Saturn	♄
Krebs	♋	Steinbock	♑	Mond	☽	Uranus	♅
Löwe	♌	Wassermann	♒	Sonne	☉	Neptun	♆
Jungfrau	♍	Fische	♓				

Sie werden bemerkt haben, daß die beiden Zahlen aller Sonnenzeichen-Kombinationen zusammengerechnet immer die Zahl 14 ergeben. Alle – außer der 1:1-Sonnenzeichen-Kombination. Dem liegt ein tiefes Geheimnis zugrunde, es stellt einen wichtigen mystischen Symbolismus des männlich-weiblichen Prinzips, ähnlich der Zwillingsseele dar.

Die Zahl 14 symbolisiert die 14 Teile des Osiris, der von seinem Bruder Seth erschlagen wurde, und dessen Körper und Seele gleichermaßen in 14 Teile zertrennt wurden. Es war die Aufgabe der Zwillingsseele von Osiris – Isis –, die 14 Teile ihres Partners zu suchen, durch viele, ermüdende, ewig lange Zeiten hindurch. Die Legende erzählt, daß im Wassermann-Zeitalter die vierzehn Teile des Osiris sich wieder zu *einem* Mann zusammenfügen (»mit allen zerstreuten Teilen, ganz und gar«), und er mit seiner Zwillingsseele – Isis – wiedervereinigt wird.

Alle Sonnenzeichen-Kombinationen ergeben – wie oben schon erwähnt – die mystische Osiris-Isis-Zahl 14, die es jeder einzelnen Kombination erlaubt, nach Einheit zu suchen, jede innerhalb der eigenen Schwingungs-Kombination. Der einzige Weg, wie sich Liebende oder Partner, die von der 1:1-Sonnenzeichen-Kombinations-Schwingung beeinflußt sind, als Zwillingsseelen erkennen können – und ihr Karma befriedigen – ist, daß einer von ihnen spirituell genügend entwickelt ist, um zu der »Höheren Oktave-Zahl« der Eins zu »schwingen« – der 13. Addiert man diese nun zu der Eins der anderen Person, so ergibt diese Kombination die mystische Isis-Osiris-Zahl 14, und dann stehen beide unter dem Schwingungs-Einfluß der Zahl 8. Denn: zweimal 13 ist gleich 26, und diese beiden Ziffern addiert ergeben die Zahl 8. (Die Zahl 8 stellt den doppelten Schlangenkreis des Liebesgeheimnisses dar – zwei Kreise oder zwei Nullen aufeinandergestellt.)

Wenn zwei Personen, die in einer 1:1-Sonnenzeichen-Kombination stehen, spirituell im gleichen Maß entwickelt sind, können sie den »Blitz-Pfad« des Karma erfahren – in Verbindung mit verschiedenen anderen bzw. unter gewissen Umständen – und so gemeinsam schnell die Erleuchtung erlangen, wenngleich dies auch eine seltene mystische Vollendung ist.

Aspekte

Sonnenzeichen, *Mondzeichen* und *Aszendenten* stehen im Trigon (positiv oder harmonisch) zueinander

Widder–Löwe	Zwillinge–Waage	Löwe–Schütze
Widder–Schütze	Zwillinge–Wassermann	Jungfrau–Steinbock
Stier–Jungfrau	Krebs–Skorpion	Waage–Wassermann
Stier–Steinbock	Krebs–Fische	Skorpion–Fische

Sonnenzeichen, *Mondzeichen* und *Aszendenten* stehen im Sextil (positiv oder harmonisch) zueinander

Widder–Zwillinge	Zwillinge–Löwe	Waage–Schütze
Widder–Wassermann	Krebs–Jungfrau	Skorpion–Steinbock
Stier–Krebs	Löwe–Waage	Schütze–Wassermann
Stier–Fische	Jungfrau–Skorpion	Steinbock–Fische

Sonnenzeichen, *Mondzeichen* und *Aszendenten* stehen in Konjunktion (positiv oder harmonisch) zueinander

Widder–Widder	Löwe–Löwe	Schütze–Schütze
Stier–Stier	Jungfrau–Jungfrau	Steinbock–Steinbock
Zwillinge–Zwillinge	Waage–Waage	Wassermann–Wassermann
Krebs–Krebs	Skorpion–Skorpion	Fische–Fische

Sonnenzeichen, *Mondzeichen* und *Aszendenten* stehen im Quadrat (negativ oder unharmonisch) zueinander

Widder–Krebs	Zwillinge–Jungfrau	Jungfrau–Schütze
Widder–Steinbock	Zwillinge–Fische	Waage–Steinbock
Stier–Löwe	Krebs–Waage	Skorpion–Wassermann
Stier–Wassermann	Löwe–Skorpion	Schütze–Fische

Sonnenzeichen, *Mondzeichen* und *Aszendenten* stehen in Opposition (negativ oder unharmonisch) zueinander

Widder–Waage	Krebs–Steinbock
Stier–Skorpion	Löwe–Wassermann
Zwillinge–Schütze	Jungfrau–Fische

Wenn sich Sonne, Mond oder der Aszendent in einem der folgenden Zeichen befinden, so stehen sie im positiven (oder harmonischen) Trigon-Aspekt zueinander. – Hierzu muß aber beachtet werden, daß sich die Genauigkeit der genannten Aspekte nur aus dem individuell errechneten Horoskop ersehen läßt (gemäß der Geburtsstunde).

Sonnenzeichen-Verträglichkeiten

1:1-Sonnenzeichen-Kombination

Ihr Sonnenzeichen (links) bildet mit dem ihm gegenübergestellten Sonnenzeichen (rechts) eine 1:1-Sonnenzeichen-Kombination.

Widder	....	Widder
Stier	....	Stier
Zwillinge	....	Zwillinge
Krebs	....	Krebs
Löwe	....	Löwe
Jungfrau	....	Jungfrau
Waage	....	Waage
Skorpion	....	Skorpion
Schütze	....	Schütze
Steinbock	....	Steinbock
Wassermann	....	Wassermann
Fische	....	Fische

In Freundschafts-, Geschäfts-, Familien- oder Liebesbeziehungen mit Menschen, die unter dem gleichen Sonnenzeichen geboren sind, wird jeder von Ihnen versucht sein, seine Tugenden oder Laster zu übertreiben. Alle positiven Persönlichkeits- und Charakterzüge werden sich in ihrer Intensität verstärken – aber auch die negativen Züge. Sie sollten sich beide bemühen, die »guten« Eigenschaften des Sonnenzeichens, das Sie gemeinsam haben, zu fördern – und die »schlechten« Eigenschaften des Sonnenzeichens abzulegen oder zu tolerieren.

Die Aspekte zwischen den anderen Planeten, den Monden oder Aszendenten beider Horoskope werden die oben gegebene Beschreibung der Beziehung etwas verändern (im negativen wie auch im positiven Sinn), doch werden sie die der 1:1-Sonnenzeichen-Kombination zugrunde liegende Wechselwirkung nicht entscheidend ändern.

2:12-Sonnenzeichen-Kombination

Ihr Sonnenzeichen (links) bildet mit dem ihm gegenübergestellten Sonnenzeichen (rechts) eine 2:12-Sonnenzeichen-Kombination.

Widder	Der Widder muß vom Stier lernen – der Stier toleriert die Unzulänglichkeiten und die unterschiedlichen Auffassungen des Widders	Stier
Stier	Der Stier lernt Lektionen von den Zwillingen – die Zwillinge tolerieren die Unzulänglichkeiten und die unterschiedlichen Auffassungen des Stiers.	Zwillinge
Zwillinge	Die Zwillinge lernen Lektionen vom Krebs – der Krebs toleriert die Unzulänglichkeiten und die unterschiedlichen Auffassungen der Zwillinge.	Krebs
Krebs	Der Krebs lernt Lektionen vom Löwen – der Löwe toleriert die Unzulänglichkeiten und die unterschiedlichen Auffassungen des Krebses.	Löwe
Löwe	Der Löwe lernt Lektionen von der Jungfrau – die Jungfrau toleriert die Unzulänglichkeiten und die unterschiedlichen Auffassungen des Löwen.	Jungfrau
Jungfrau	Die Jungfrau lernt Lektionen von der Waage – die Waage toleriert die Unzulänglichkeiten und die unterschiedlichen Auffassungen der Jungfrau.	Waage
Waage	Die Waage lernt Lektionen vom Skorpion – der Skorpion toleriert die Unzulänglichkeiten und die unterschiedlichen Auffassungen der Waage.	Skorpion
Skorpion	Der Skorpion lernt Lektionen vom Schützen – der Schütze toleriert die Unzulänglichkeiten und die unterschiedlichen Auffassungen des Skorpions.	Schütze
Schütze	Der Schütze lernt Lektionen vom Steinbock – der Steinbock toleriert die Unzulänglichkeiten und die unterschiedlichen Auffassungen des Schützen.	Steinbock

Steinbock	Der Steinbock lernt Lektionen vom Wassermann – der Wassermann toleriert die Unzulänglichkeiten und die unterschiedlichen Auffassungen des Steinbocks.	Wassermann
Wassermann	Der Wassermann lernt Lektionen von den Fischen – die Fische tolerieren die Unzulänglichkeiten und die unterschiedlichen Auffassungen des Wassermanns.	Fische
Fische	Die Fische lernen Lektionen vom Widder – der Widder toleriert die Unzulänglichkeiten und die unterschiedlichen Auffassungen der Fische.	Widder

In Freundschafts-, Geschäfts-, Familien- oder Liebesbeziehungen mit diesen Menschen wird einer von Ihnen fühlen, daß er viel vom anderen lernen muß. Derjenige, der den anderen lehrt, entwickelt ein unerklärliches Mitgefühl für die Schwächen und Fehler des anderen und versteht auf seltsame Weise dessen deutlich unterschiedliche Motive und Verhaltensweisen.

Die Aspekte zwischen den anderen Planeten, den Monden oder Aszendenten beider Horoskope werden die oben gegebene Beschreibung der Beziehung etwas verändern (im negativen wie auch im positiven Sinn), doch werden sie die der 2:12-Sonnenzeichen-Kombination zugrunde liegende Wechselwirkung nicht entscheidend ändern.

3:11-Sonnenzeichen-Kombination

Ihr Sonnenzeichen (links) bildet mit den ihm gegenübergestellten Sonnenzeichen (rechts) eine 3:11-Sonnenzeichen-Kombination.

Widder	....	Zwillinge und Wassermann
Stier	....	Krebs und Fische
Zwillinge	....	Widder und Löwe
Krebs	....	Stier und Jungfrau
Löwe	....	Zwillinge und Waage
Jungfrau	....	Krebs und Skorpion
Waage	....	Löwe und Schütze
Skorpion	....	Jungfrau und Steinbock
Schütze	....	Waage und Wassermann
Steinbock	....	Skorpion und Fische
Wassermann	....	Widder und Schütze
Fische	....	Stier und Steinbock

Sie spüren ein starkes Band der Freundschaft, gleichgültig, ob Sie Freundschafts-, Geschäfts-, Familien- oder Liebesbeziehungen zu diesen Menschen unterhalten. Gegenseitiges Vertrauen und leichte Verständigung herrschen in dieser Beziehung. Sie sind sehr unterschiedliche Charaktere; doch diese Unterschiede haben wenig oder keine Auswirkungen auf Ihre gegenseitige Hochachtung. Es könnte ein Sinn für Verantwortung, vielleicht ein unausweichliches Pflichtgefühl sein, das Sie zusammenführt und das Band zwischen Ihnen stärkt. Mit diesen Personen können Sie sich leicht unterhalten, und Sie werden einander ständig dazu anregen, Gewohnheiten und gegebene Situationen zu ändern.

Sie werden wahrscheinlich eine sehr enge Freundschaft mit diesen Menschen entwickeln und immer freundlich zueinander sein. Streitigkeiten werden schnell aus der Welt geschafft, vergeben und vergessen. Sie werden oft zanken oder sich uneinig sein, vielleicht verärgert über einige gemeinsame Verpflichtungen, die Sie verbinden, doch werden Sie sie nicht vermeiden können. Ja sogar dann, wenn Sie Ihre Verbindung zueinander als abgeschlossenes Kapitel betrachten sollten, wird sie Monate oder Jahre später wieder zum Durchbruch kommen und noch einmal aufgenommen werden.

Die Aspekte zwischen den anderen Planeten, den Monden oder Aszendeten beider Horoskope werden die oben gegebene Beschreibung der Beziehung etwas verändern (im negativen wie auch im positiven Sinn), doch werden sie die der 3:11-Sonnenzeichen-Kombination zugrunde liegende Wechselwirkung nicht entscheidend ändern.

4:10-Sonnenzeichen-Kombinationen

Ihr Sonnenzeichen (links) bildet mit den ihm gegenübergestellten Sonnenzeichen (rechts) eine 4:10-Sonnenzeichen-Kombination.

Widder	....	Krebs und Steinbock
Stier	....	Löwe und Wassermann
Zwillinge	....	Jungfrau und Fische
Krebs	....	Waage und Widder
Löwe	....	Stier und Skorpion
Jungfrau	....	Zwillinge und Schütze
Waage	....	Krebs und Steinbock
Skorpion	....	Löwe und Wassermann
Schütze	....	Jungfrau und Fische
Steinbock	....	Widder und Waage
Wassermann	....	Stier und Skorpion
Fische	....	Zwillinge und Schütze

Nicht immer, aber überraschend oft entladen sich Spannungen und Persönlichkeitskonflikte in Anwesenheit der Menschen, mit denen Sie – in Freundschafts-, Geschäfts-, Familien- oder Liebesbeziehungen – mit dieser Sonnenzeichen-Kombination verbunden sind – entweder mißbilligen Sie diese, oder Sie spüren, daß Sie selbst von ihnen mißbilligt werden. Einer von Ihnen wird möglicherweise wegen der strengen, erzieherischen Versuche des anderen nervös. Aus verschiedenen Gründen wird es bis zu einem gewissen Grad immer geistige und emotionelle Vorbehalte geben.

Stehen andere Planeten zwischen den beiden Horoskopen (besonders die Monde und Aszendenten) unter einem harmonischen (Konjunktion, Sextil oder Trigon) Aspekt, so wird es zwischen Ihnen und diesen Menschen zu tiefer Verehrung, Treue und Respekt kommen. Das wird dann die Ursache dafür sein, daß die unleugbaren ursprünglichen Unterschiede der Motivation und Persönlichkeit weniger frustrierend, weniger verwirrend werden – obwohl diese großen Auffassungsunterschiede und Ziele immer bestehen bleiben.

Stehen die anderen Planeten zwischen den beiden Horoskopen (besonders die Monde und Aszendenten) in Quadratur oder in Opposition (negativ), so ist Ihre Beziehung mit diesen Menschen tatsächlich spannungsgeladen und schwierig. Sie müssen eine Engelsgeduld aufbringen, um diese Beziehung zu meistern – doch der Lohn dafür wird groß sein.

5:9-Sonnenzeichen-Kombination

Ihr Sonnenzeichen (links) bildet mit den ihm gegenübergestellten Sonnenzeichen (rechts) eine 5:9-Sonnenzeichen-Kombination.

Widder	....	Löwe und Schütze
Stier	....	Jungfrau und Steinbock
Zwillinge	....	Waage und Wassermann
Krebs	....	Skorpion und Fische
Löwe	....	Widder und Schütze
Jungfrau	....	Stier und Steinbock
Waage	....	Zwillinge und Wassermann
Skorpion	....	Krebs und Fische
Schütze	....	Widder und Löwe
Steinbock	....	Stier und Jungfrau
Wassermann	....	Zwillinge und Waage
Fische	....	Krebs und Skorpion

Nicht immer, doch überraschend oft, finden Sie in Freundschafts-, Geschäfts-, Familien- oder Liebesbeziehungen Einfühlungsvermögen, geistige Anregung, emotionale Übereinstimmung (oder romantische Erfüllung) bei diesen Menschen.

Es besteht eine starke Sympathie zwischen Ihnen, Mißverständnisse sind gewöhnlich nicht schwerwiegend und werden schnell aus der Welt geschafft. Die Chancen für Harmonie sind ausgezeichnet; eine dauerhafte, glückliche Beziehung wird müheloser als mit jedem anderen Sonnenzeichen erreicht.

Stehen andere Planeten (besonders die Monde und Aszendenten) zwischen diesen Horoskopen in Quadratur oder Opposition (negativ), so kann es zu Zusammenstößen und Spannungen zwischen Ihnen und diesen Menschen kommen – die gemeinsame Basis kann zeitweilig ins Wanken geraten –, die grundsätzliche Übereinstimmung und das gegenseitige Verständnis werden jedoch immer bestehenbleiben.

Stehen andere Planeten zwischen diesen beiden Horoskopen (besonders die Monde und Aszendenten unter einem harmonischen Aspekt (Konjunktion, Sextil oder Trigon), so wird Ihre Beziehung mit diesen Menschen außergewöhnlich glücklich, reibungslos und voller Harmonie sein.

6:8-Sonnenzeichen-Kombination

Ihr Sonnenzeichen (links) bildet mit den ihm gegenübergestellten Sonnenzeichen (rechts) eine 6:8-Sonnenzeichen-Kombination.

Widder	....	Jungfrau und Skorpion
Stier	....	Waage und Schütze
Zwillinge	....	Skorpion und Steinbock
Krebs	....	Schütze und Wassermann
Löwe	....	Steinbock und Fische
Jungfrau	....	Widder und Wassermann
Waage	....	Stier und Fische
Skorpion	....	Widder und Zwillinge
Schütze	....	Stier und Krebs
Steinbock	....	Zwillinge und Löwe
Wassermann	....	Krebs und Jungfrau
Fische	....	Löwe und Waage

Sie werden in Freundschafts-, Geschäfts-, Familien- oder Liebesbeziehungen Kommunikationsschwierigkeiten mit diesen Menschen haben. Doch fühlen Sie sich seltsam gefesselt und mächtig in ihren Bann gezogen. Ist die Verbindung zwischen Ihnen eine Liebesbeziehung, so fühlen Sie eine unwiderstehliche sexuelle Anziehung.

Ist Ihre Beziehung keine Liebes-, sondern eine Freundschafts-, Geschäfts- oder Familienverbindung, so werden Sie sich dieser Person nicht sexuell verbunden fühlen, sondern durch gemeinsame Interessen am Übernatürlichen – Tod, Geburt, Reinkarnation und alle geistigen Angelegenheiten – oder durch Situationen im Zusammenhang mit Geld, das keinem von Ihnen gehört, d. h. dem Geld anderer. Es könnte Zeiten geben, wo diese Person in ihrer Beziehung zu Ihnen ohne Grund verschlossen zu sein scheint.

Irgendwie haben diese Menschen den Wunsch, Ihnen zu helfen; und auch Sie haben das Verlangen, dem anderen zu helfen. Einer von Ihnen oder beide werden dem anderen gern nützlich sein, ohne etwas übelzunehmen, und einer wird den anderen oft vor denen beschützen, die ihm – oder ihr – Schmerzen zufügen wollen. Es kann Zeiten geben, in denen die fortgesetzten Gefälligkeitsbezeugungen auf Ablehnung stoßen, doch gibt es diesbezüglich keine Wahl. In dieser Beziehung findet geleistete Hilfe ihren Lohn immer in der Faszination der Gemeinschaft selbst. Irgendwie wird jede der beiden aus dieser Verbindung großen Nutzen ziehen, und derjenige, der dient, bleibt gewöhnlich treu.

Die Aspekte zwischen den anderen Planeten, den Monden und den Aszendeten beider Horoskope werden die oben gegebene Beschreibung der Beziehung etwas verändern (im negativen wie auch im positiven Sinn), doch werden sie die der 6:8-Sonnenzeichen-Kombination zugrunde liegende Wechselwirkung nicht entscheidend ändern.

7:7-Sonnenzeichen-Kombination

Ihr Sonnenzeichen (links) bildet mit dem ihm gegenübergestellten Sonnenzeichen (rechts) eine 7:7-Sonnenzeichen-Kombination.

Widder	....	Waage
Stier	....	Skorpion
Zwillinge	....	Schütze
Krebs	....	Steinbock
Löwe	....	Wassermann
Jungfrau	....	Fische
Waage	....	Widder
Skorpion	....	Stier
Schütze	....	Zwillinge
Steinbock	....	Krebs
Wassermann	....	Löwe
Fische	....	Jungfrau

In Freundschafts-, Geschäfts-, Familien- oder Liebesbeziehungen zeigt sich der Einfluß dieser Kombination.

Nicht immer, aber oft, fühlen Sie sich körperlich angezogen von den Angehörigen des *anderen Geschlechts*, die unter dem Sonnenzeichen geboren sind, das dem Ihren hier gegenüber aufgeführt ist (und das dem Ihren auch im Schicksalsrad gegenübersteht) – oder Sie bewundern und respektieren sie insgeheim. Diese Menschen besitzen Charakter- und Persönlichkeitszüge, die Ihnen selbst fehlen. Die Anziehung und der Drang zur Nachahmung sind stark.

Möglicherweise fühlen Sie sich unbehaglich gegenüber den Angehörigen des *eigenen Geschlechts*, die unter diesem Sonnenzeichen geboren sind, beneiden sie oder betrachten sie als Konkurrenten.

Die Aspekte zwischen den anderen Planeten, den Monden und den Aszendenten beider Horoskope werden die oben gegebene Beschreibung der Beziehung etwas verändern (im negativen wie auch im positiven Sinn), doch werden sie die der 7:7-Sonnenzeichen-Kombination zugrunde liegende Wechselwirkung nicht entscheidend ändern.

Astrologische Fachausdrücke

Aspekte:	Entfernung zwischen zwei Gestirnen. *Konjunktion*: Zusammenkunft zweier Gestirne. Entfernung 0 Grad. *Sextil-Aspekt*: Abstand von 60 Grad (zweier Gestirne). *Trigonal-Aspekt*: Abstand von 120 Grad. *Quadrataspekt*: Abstand von 90 Grad. *Oppositionsaspekt*: Abstand von 180 Grad.
Aszendent:	Der aufsteigende Grad eines Zeichens am Ostpunkt des Horoskops zur Stunde der Geburt. *Deszendent*: Absteigender Grad.
Aura, Auren:	Ausstrahlung einer Persönlichkeit.
Charisma:	Wunderwirkung.
Dekanat:	Je zehn Grad eines Tierkreiszeichens.
Elementare Einteilung:	Der elementaren Einteilung des Tierkreises liegen die vier Elemente Feuer, Erde, Luft und Wasser zugrunde. Zu jedem Element gehören 3 Tierkreiszeichen, die im Abstand von 120 Grad (→ Aspekte, Trigonal-Aspekt) in Verbindung stehen. *Feuer-Element*: Widder, Löwe, Schütze *Erd-Element*: Stier, Jungfrau Steinbock *Luft-Element*: Zwillinge, Waage, Wassermann *Wasser-Element*: Krebs, Skorpion, Fische.
Esoterisch:	Mystisch,
Häuser:	die zwölf Einfluß-Sphären im Horoskop (auch Felder genannt).
Introversion:	Wirkung ins Seelische, Weg nach innen.
Karma:	Selbstgeschaffenes Schicksal.
Karmische Mission:	Die in diesem Leben gestellte Schicksalsaufgabe
Karmisches Rad:	→»Schicksalsrad«
Konjunktion:	→ Aspekte.
Mond-Zeichen:	Jenes Zeichen, in dem der Mond herrscht: Krebs.
Neptun-Aspekte:	Die Aspekte des Neptun zu anderen Gestirnen. Im negativen Aspekt Enttäuschungen / Täuschung.
Opposition:	→ Aspekte.
Planeteneinflüsse:	*Sonne*: Symbol für Geist, Individualität, Lebenskraft, Mann *Mond*: Symbol für Frau (auch Gattin/Mutter), ferner für Psyche, Unterbewußtsein.

Planeteneinflüsse: *(Fortsetzung)*	*Merkur*:	Verstand, Intellekt, Nervensystem, Vermittlung.
	Mars:	Wille, Energie, Aktivität, Kampf.
	Venus:	Liebe, Kunst, Ästhetik.
	Jupiter:	Harmonie, Gesetz, Religion, Expansion.
	Saturn:	Konzentration, Hemmung, Lebensernst, Arbeit.
	Uranus:	Wandlung, Umwälzung, Veränderung, Intuition.
	Neptun:	Beeinflußbarkeit, Empfänglichkeit, Künste, Täuschung, Illusion.
	Pluto:	Höhere Gewalt, Kollektiv, Zwang.
	Aszendent:	eigene Persönlichkeit, engere Umwelt, Körper

Polarität:	Gegensätzliche Eigenschaften innerhalb eines Zeichens.
Promiskuität:	Beziehungen mit verschiedenen, häufig wechselnden Partnern (im Sex).
Schicksalsrad:	Horoskop mit den 12 Feldern; (auch: »Karmisches Rad«).
Sextil:	→ Aspekte.
Sonnenzeichen:	Jenes Zeichen, in dem die Sonne herrscht: Löwe.
Sternzeichen:	die zwölf Zeichen des Zodiaks von Widder bis Fische.
Tierkreis:	je zwölf Abschnitte zu 30 Bogengraden, beginnend mit Widder bis Fische.
Trigon:	→ Aspekte.
Zodiak:	Tierkreis (oder Zodiakus) Gürtel von zwölf Sternbildern, durch welche die scheinbare Jahresbahn der Sonne (oder Ekliptik) verläuft.